AF822788

études et rencontres
DE L'ÉCOLE DES CHARTES

6

FONDER LES SAVOIRS FONDER LES POUVOIRS

XVe-XVIIe siècle

Actes de la journée d'étude
organisée par l'École nationale des chartes
(Paris, 8 avril 1999)

réunis par

DOMINIQUE DE COURCELLES

Paris
École des chartes
2000

Diffusion :

LIBRAIRIE H. CHAMPION
7, quai Malaquais
75006 Paris

LIBRAIRIE DROZ
11, rue Massot (B. P. 389)
CH-1211 Genève 12

© Copyright 2000 École nationale des chartes.

All rights reserved. No part of this book may be reproduced or translated in any form, by print, photoprint, microfilm, microfiche or any other means without written permission from the publisher.

ISBN 2-900791-34-0

AVANT-PROPOS

Du XVe au XVIIe siècle, l'instabilité socioéconomique, la détérioration des cadres de référence, qu'ils soient philosophiques, religieux, économiques ou politiques, les querelles religieuses déterminent des concurrences et des conflits très vifs entre les institutions et entre les individus. La renaissance de philosophies concurrentes venues de l'Antiquité, la découverte du Nouveau Monde, l'établissement de multiples réseaux de spiritualité, l'application de nouveaux principes dans la vie politique et sociale semblent imposer le pluriel des interprétations. L'œuvre d'Aristote perd son statut prééminent d'encyclopédie ordonnée des savoirs. De ces concurrences et de ces conflits les relations entre les sexes sont modifiées.

Le recours collectif ou individuel aux textes fondateurs, à l'autorité des récits de fondation, permet dans ces conditions l'appropriation ou la réappropriation des savoirs et des pouvoirs, l'affermissement ou la stabilisation, qui n'est jamais dénuée de violence, de nouveaux milieux de savoirs et de pouvoirs. C'est ainsi que commentaires scripturaires, traités divers, nouvelles, discours d'éloge, récits de « conquête », « querelle des femmes », etc., mais aussi la création de collèges savants et d'académies, les politiques éditoriales, etc. deviennent des éléments stratégiques.

Les différentes analyses présentées, à partir d'exemples bien circonscrits, permettent de saisir quelques modalités et quelques enjeux importants de la fondation/refondation des savoirs et des pouvoirs aux XVe-XVIIe siècles.

Ce volume, le cinquième issu du cycle « Textes littéraires et sociétés, XVe-XVIIe siècles », est le sixième de la collection des *Études et rencontres*. Je remercie Yves-Marie Bercé, directeur de l'École nationale des chartes, d'avoir bien voulu l'accueillir dans ce cadre, et Marc Smith, professeur à l'École, d'en avoir assuré l'édition.

Dominique DE COURCELLES

AVANT-PROPOS

ÉRASME, DU LANGAGE AUX LANGUES : A L'ORIGINE DE LA FONDATION DES COLLÈGES TRILINGUES

par

ISABELLE DIU

Il semble que les humanistes se retrouvent dans une démarche commune, qui est celle de réinstauration, de réappropriation des textes d'abord, des langues évidemment, de la parole enfin, dans un monde en mutation qu'il s'agit autant d'arpenter que de délimiter, de construire. D'où la métaphore récurrente mais aussi les entreprises réelles de fondation, sur l'horizon intellectuel de la République des lettres. Cette République, désormais perçue comme une composante majeure de la Renaissance, depuis les travaux de Marc Fumaroli et de Françoise Waquet[1], détermine un espace communautaire, à la fois idéal et fictionnel — espace intellectuel — mais aussi réel et fonctionnel — circuits institutionnels comme académies et collèges, où se joue la *renovatio literarum*, renaissance des lettres qui s'appuie sur la redécouverte des textes antiques et la connaissance des langues anciennes.

Aussi, nous voudrions nous interroger, à travers l'exemple d'Érasme, sur les fondements linguistiques de cette République des lettres, à la fois les fondements théoriques qui sous-tendent l'intérêt des humanistes pour les langues, et aussi les fondations institutionnelles qui en permettent la mise

1. Cf. Marc Fumaroli, *L'Age de l'éloquence : rhétorique et « res literaria » de la Renaissance au seuil de l'époque classique*, Genève, 1980 ; id., « La République des lettres », dans *Diogène*, n° 143, juil.-sept. 1988, p. 131-150 ; id., « Rhétorique et société en Europe (XVIe-XVIIe siècles) », dans *Annuaire du Collège de France*, 1987-1988, p. 417-432 ; Françoise Waquet, « Qu'est-ce que la République des lettres ? Essai de sémantique historique », dans *Bibliothèque de l'École des chartes*, t. 147, 1989, p. 473-502 ; Françoise Waquet et Hans Bots, *La République des lettres*, Paris, 1997.

Fonder les savoirs, fonder les pouvoirs, XVe-XVIIe siècle : actes de la journée d'étude… (Paris, 8 avril 1999), éd. Dominique de Courcelles, Paris, 2000 (*Études et rencontres de l'École des chartes*, 6).

en œuvre. Nous nous demanderons en particulier si la réflexion sur le langage et les langues permet de tisser un lien entre les deux espaces, idéal et réel, de cette *respublica literaria.*

I. — Réflexion théorique d'Érasme sur le langage

1. *Textes sur le langage : « Lingua » (1525) et « Ecclesiastes » (1535)*

a) « De linguae usu ac abusu » (1525). — Les questions relatives au langage et à la langue sont abordées par Érasme dans la *Lingua*, publiée chez Froben en 1525[2]. Ce traité paraît au moment où la polémique avec Luther s'envenime — le *De libero arbitrio* date de 1524 —, où la multiplication des pamphlets et des controverses conduit les chrétiens à douter de la vérité des discours. Érasme cherche alors à poser des principes intangibles à propos du langage, à établir une éloquence qui fasse sens. Dans son essai, il trace les frontières entre langue et langage — *lingua* d'un côté, *logos, oratio* ou *sermo* de l'autre —, entre bavardage et discours.

Après deux parties consacrées, l'une à la *physis* de la langue, l'autre à la description des diverses formes d'*abusus linguae,* Érasme en vient, dans une troisième et dernière section, à évoquer le seul remède possible : le langage comme miroir de l'âme[3]. Le principe salvateur consiste à restaurer un langage qui vient du cœur, de l'âme (*cor, anima*)[4], qui soit l'expression du *Deus intus,* du Dieu intérieur qui habite chacun, un langage qui soit animé par le souffle (*spiritus*) divin, à l'imitation du langage du Christ[5]. Le langage reflet du *Deus intus* s'avère le principe fondateur d'une philosophie du langage chez Érasme.

Le message du Christ, Verbe de Dieu et Vérité, est limpide : que jamais la langue ne diffère de l'âme.

2. L'édition de référence est celle des œuvres complètes en cours de publication, *Opera omnia Desiderii Erasmi Roterodami recognita et adnotatione critica instructa notisque illustrata,* Amsterdam, 1969— (dorénavant : *ASD*) : *De linguae usu ac abusu, ASD,* IV, 1, p. 223-370. A défaut, pour les œuvres non encore publiées dans cette nouvelle édition, on se référera à l'édition de Leyde : *Opera omnia, recognovit Joannes Clericus,* Leyde, 1703-1706, réimpr. Hildesheim, 1961 (dorénavant : L.B.).

3. Cf. M.-L. Demonet, *Les Voix du signe : nature et origine du langage à la Renaissance (1480-1580),* Paris, 1992, chap. VIII : « Miroirs ». Le langage est traditionnellement présenté comme « miroir de l'âme » depuis Augustin jusqu'à Thomas d'Aquin (p. 249).

4. Cf. *ASD,* IV, 1, p. 326, l. 177 : « Verum tale cor est, qualis est lingua. »

5. Cf. *ASD,* IV, 1, p. 365, l. 648 : « Nemo Christi linguam imitari potest, nisi Christi spiritum hauserit. »

« Eoque Dei filius, qui venit in terras, ut per eum cognosceremus mentem Dei, sermo patris dici voluit, et idem veritas dici voluit, quod turpissimum sit linguam ab animo dissidere »[6].

(C'est pourquoi le fils de Dieu, qui est descendu sur terre, pour qu'à travers lui nous connaissions l'esprit de Dieu, a voulu être appelé Verbe du Père, et de même Vérité, en sorte qu'il est hautement scandaleux que la langue diffère de l'âme.)

Pour Érasme, cette nécessité n'est pas induite par une qualité intrinsèque du langage, qui serait naturellement miroir de l'âme, mais répond à un impératif moral, celui de proscrire le mensonge. Faire en sorte que le langage proféré soit en conformité avec le langage mental s'avère une nécessité *pour que le verbe soit efficace.*

Et c'est là le second principe qui est affirmé : la restauration du pacte de la Pentecôte. Érasme oppose en effet la Pentecôte à Babel[7], le concert harmonieux né du don des langues à la cacophonie issue de la confusion. Dans un monde désormais retombé dans le babélisme[8], il convient de restaurer le pacte apostolique de la Pentecôte, cette confusion positive, dans le *consensus,* des langues inspirées par Dieu, ce concert venant du cœur, de l'âme, tout pénétré de l'esprit divin, dont témoignent les Apôtres[9].

Car le langage permet de créer un lien *(convictus)*[10] positif entre les hommes, par la persuasion d'une juste rhétorique, d'une éloquence signifiante. Ce sont là les fondements nécessaires au rétablissement d'une cité chrétienne, humaniste, mise à mal par les dissensions de Babel[11], que permet précisément de retrouver la Pentecôte.

6. *ASD,* IV, 1, p. 286, l. 745-748.

7. A propos de Babel et de la Pentecôte, cf. M.-L. Demonet, *Les Voix du signe...*, p. 43 et suiv. et p. 154 et suiv., où est mise en évidence l'interprétation symbolique, de plus en plus éloignée de la lettre, que proposent les humanistes des mythes de Babel et de la Pentecôte.

8. Cf. *ASD,* IV, 1, p. 365, l. 658-660 : « Hodie vero quum videmus tot opinionibus dissidere philosophorum scholas, tot dogmatibus tamque diversis digladiari Christianos omnes, nonne referimus structuram turris Babel ? » (Aujourd'hui où nous voyons tant d'opinions déchirer les écoles de philosophie, tous les chrétiens se battre à coups de dogmes si divers, ne reconstruisons-nous pas la tour de Babel ?)

9. *ASD,* IV, 1, p. 365, l. 657-658 : « Loquebantur variis linguis, sed consentientibus, erat enim illis cor unum, et anima una, quia spiritus unus impleverat omnes. »

10. Cf. *ASD,* IV, 1, p. 253, l. 523-525 : « Itaque quum sermo nobis potissimum in hoc datus sit a deo, ut homini cum homini convictus sit iucundior. » (Car le Verbe nous a été donné par Dieu pour que soit plus harmonieux le lien des hommes entre eux.)

11. Cf. *ASD,* IV, 1, p. 366, l. 685 : « O domus quam dissipata es, o civitas quam dissecta es. »

b) « Ecclesiastes » (1535). — En 1535, sous le titre d'*Ecclesiastes*[12], paraît le grand traité d'Érasme sur l'éloquence chrétienne. Il fixe les règles à suivre, de la composition des sermons jusqu'à la montée de l'orateur en chaire. Mais il permet aussi de réaffirmer la thèse avancée dans la *Lingua* dix ans auparavant : le cœur humain, dépositaire de la Parole évangélique, doit s'en faire l'interprète dans la parole humaine.

De sa structure en trois livres — difficultés et grandeur de la prédication, rhétorique à l'usage du prédicateur, élucidation des figures et obscurités de l'Écriture —, seule importe ici la première partie, qui fait écho aux analyses de la *Lingua* sur le langage. Après avoir défini la fonction du prédicateur ou ecclésiaste[13], il pose le Christ en modèle absolu de prédicateur, en tant que Verbe de Dieu[14].

Un rapport d'analogie s'établit entre le fonctionnement du langage et le contenu de la Révélation ; la parole humaine doit être reflet de l'âme, sur le modèle du Verbe christique, image du Père, sous peine de se voir privée de son être même :

> « Quemadmodum autem unicum illud Dei Verbum imago est Patris [...], ita humanae mentis imago quaedam est oratio. Quae si dissideat ab animo unde proficiscitur, ne orationis quidem meretur vocabulum »[15].
> (De même que le Verbe unique de Dieu est l'image du Père, toute parole est l'image de l'esprit de l'homme. Si elle différait de l'âme dont elle procède, elle ne mériterait pas même le nom de parole.)

L'ambition de l'*Ecclesiastes* est de parvenir à faire coïncider les deux « circuits » de la parole, la vérité du Logos christique et la persuasion du cœur de l'homme[16]. A nouveau, il est affirmé que le langage, quand il est reflet de la langue du *Deus intus*, doit permettre de créer un lien entre les hommes par la force persuasive d'une juste éloquence qui fasse sens. Car, dans la mise en place de ce rapport analogique entre langage et Parole, Érasme ne se limite pas au mot isolé, mais considère le langage dans son

12. *Ecclesiastes sive de ratione concionandi*, *ASD*, V, 4 (livres I et II), et V, 5 (livres III et IV).

13. Cf. *ASD*, V, 4, p. 35, l. 1-2 et 9-10 : « ἐκκλησιαστής [est] qui publicitus orat apud multitudinem. »

14. Cf. *ASD*, V, 4, p. 36-37, l. 55-59 : « Proinde summus ille ecclesiastes, Dei Filius, qui est imago Patris absolutissima [...] nullo alio cognomine magnificentius significantiusve denotatur in sacris literis quam quum dicitur Verbum sive Sermo Dei. »

15. Cf. *ASD*, V, 4, p. 40, l. 133-135 et 137-138.

16. Cf. M. Fumaroli, *L'Age de l'éloquence...*, p. 107.

déploiement en discours. Il envisage la Parole du Christ comme une parole adressée, où prévaut le *sermo* plus que le *verbum*, ce dont témoigne sa proposition de traduction pour les premiers termes de l'Évangile johannique, glosée dans ses *Annotationes*[17].

2. *Du langage aux langues : « De ratione studii » (1511), « Préfaces au Nouveau Testament » (1516) et « Ecclesiastes » (1535)*

Quelle est donc la conséquence pratique de cette réflexion sur le langage ? Quelle peut être l'articulation du langage véridique avec la langue parlée ? Il semble que, selon Érasme, il faille s'en tenir à la simplicité biblique des trois langues — latin, grec, hébreu —, qui, dans l'universalité qu'il leur prête, peuvent seules incarner la langue christique.

Le traité paru en 1511 sous le titre *De ratione studii*[18] expose la meilleure méthode d'enseignement ou d'organisation des études. Rédigé à la demande de John Colet pour l'école de Saint-Paul, utilisé comme charte pédagogique, à la suite de celle-ci, par la presque-totalité des « grammar schools » de la Renaissance, ce manuel connaît une fortune durable dans bien des écoles d'inspiration humaniste, puis chez les Jésuites. Après avoir égrené des réflexions générales sur les auteurs susceptibles de composer un programme d'études, sur le contenu de l'enseignement et les principes pédagogiques qui doivent y présider, l'ouvrage aborde les conseils pratiques à usage des maîtres et propose des exemples de leçons et devoirs.

Érasme insiste alors sur l'apprentissage des langues bibliques. L'enseignement des langues, au même titre que les principes de la grammaire, doit occuper la place d'honneur :

17. S'il substitue *sermo* à *verbum*, c'est, dit-il, afin de présenter la Parole comme un discours au lieu de la réduire à une seule de ses composantes. Cet exemple est également cité par M.-L. Demonet, *Les Voix du signe*..., p. 252.

18. *De ratione studii*, *ASD*, I, 2. Ce traité fait également partie de ces textes didactiques issus des activités pédagogiques, à visée essentiellement alimentaire, qui sont l'ordinaire d'Érasme pendant son séjour parisien des années 1496-1497. L'ouvrage est ensuite rédigé à la demande de John Colet pour l'école de Saint-Paul. Une première édition voit le jour en 1511 à Paris, dans un recueil comprenant également un choix de lettres de l'humaniste et grammairien italien Agostino Dati. Cette édition partielle, confiée, probablement à la suite d'une indélicatesse de l'érudit anglais Richard Pace, auquel Érasme avait imprudemment remis divers papiers et manuscrits lors de son séjour italien, à l'imprimeur Biermanthius (cf. *Imprimeurs et libraires parisiens, d'après les manuscrits de Philippe Renouard*, t. III, Paris, 1964, p. 508-510), est publiée sans l'aveu d'Érasme. L'humaniste fait paraître en juillet 1512 une nouvelle édition complète du traité chez Josse Bade, puis, en août 1514, une édition revue et corrigée chez Matthias Schürer à Strasbourg.

« Primum igitur locum grammatica sibi vendicat, eaque protinus duplex tradenda pueris, graeca ac latina »[19].
(La grammaire revendique donc la première place ; et immédiatement après viennent deux matières que l'on doit inculquer aux enfants, la langue grecque et la langue latine.)

Mais nous remarquons aussitôt que le nombre de langues nécessaires est ici réduit à deux. Certes, il s'agit de conseils pédagogiques destinés à de tout jeunes gens *(pueri)*, mais l'absence de l'hébreu est aussi notable dans d'autres textes : à l'exception de la *Methodus* qui, en 1516 à l'orée de l'édition du *Novum Testamentum*, prône l'apprentissage des trois langues bibliques[20], la plupart des textes théoriques d'Érasme ignorent l'hébreu. L'*Ecclesiastes* reviendra sur l'analyse du *De ratione studii* et renouera avec sa prise de position en faveur des seules langues latine et grecque.

Pourquoi donc l'hébreu est-il tantôt cité, tantôt, plus souvent encore, omis[21] ? Il semble qu'Érasme réduise délibérément le nombre des langues à deux pour des motifs qui relèvent de sa réflexion sur le langage. Si certaines raisons factuelles peuvent être avancées — il s'avoue sans honte médiocre hébraïsant : les frères Amerbach doivent l'aider à établir les citations en hébreu de la *Correspondance* de saint Jérôme, Œcolampade et Capiton celles du Nouveau Testament —, Érasme établit néanmoins la place de l'hébreu au sein de l'ensemble des langues bibliques en fonction de critères essentiellement théoriques. Plus encore que le danger spirituel diffus — la tendance à « judaïser » — qui menace tout hébraïsant, ce sont des raisons liées à la langue qu'Érasme avance pour justifier sa méfiance. Tout d'abord, son absence d'universalité cantonne l'hébreu dans les limites étroites d'une langue spécialisée, réservée aux seuls théologiens, au contraire du grec, source de toutes les connaissances ; jamais Érasme ne considère l'hébreu comme la langue primitive[22]. En outre, le lien privilégié qu'entretient l'hébreu avec le Texte sacré le rend paradoxalement suspect : la méfiance d'Érasme à l'égard du littéralisme, dans le domaine de l'exégèse comme dans

19. Cf. *ASD*, I, 2, p. 114, l. 2.

20. *Les Préfaces au Novum Testamentum*, éd. Yves Delègue, Genève, 1990 : *Methodus*, p. 100, l. 47-50 : « Prima cura debetur perdiscendis tribus linguis latinae, graecae, hebraicae, quod constet omnem scripturam mysticam hisce proditam esse. »

21. Pour une analyse détaillée concernant la question de l'hébreu chez Érasme, cf. Jacques Chomarat, *Grammaire et rhétorique chez Érasme*, Paris, 1981 ; I, p. 321-344.

22. Cf. *Ecclesiastes*, *ASD*, V, 4, p. 262, l. 340-358 ; cité par J. Chomarat, *Grammaire et rhétorique…*, t. I, p. 325-326.

celui de la traduction, se double d'une méfiance à l'endroit de la langue ; la prétendue primauté de l'hébreu considéré comme langue sainte, donc véridique, est mise à mal par le travail philologique de confrontation des manuscrits et la relativisation du texte qui en résulte.

Il convient donc, comme l'affirme le *De recta pronuntiatione*[23], de se référer aux deux langues universelles que sont le latin et le grec. La valeur paradigmatique et le caractère universalisant de ces langues classiques est affirmé, autant comme modèle linguistique que comme modèle culturel : non seulement ces deux langues permettent de s'approprier presque tout le savoir existant, mais elles ne sauraient s'enseigner l'une sans l'autre ; la théorie d'une hiérarchie entre les langues, que l'on rencontre sous la plume d'autres humanistes, s'affine chez Érasme pour laisser place à celle d'une complémentarité et d'une intime conjonction du latin et du grec :

> « Non modo quod his duabus linguis omnia ferme sunt prodita quae digna cognitu videantur, verum etiam quod utraque alteri sic affinis est ut ambae citius percipi queant coniunctim, quam altera sine altera, certe quam latina sine graeca »[24].
>
> (Non seulement parce que presque tout ce qui est digne de connaissance a été transmis par ces deux langues, mais aussi parce qu'elles ont une telle affinité qu'elles se peuvent plus promptement apprendre toutes deux ensemble, que l'une sans l'autre, en tout cas que la langue latine sans la langue grecque.)

La réflexion théorique d'Érasme sur le langage et les langues s'articule finalement autour de deux éléments de problématique : langue originelle et langue commune. Il s'agit d'abord de retrouver la langue originelle du *Deus intus* : il est nécessaire de restaurer une parole originelle et véridique, reflet du Logos christique, venant du cœur de chaque chrétien. Seule cette parole autorise le bon usage de la langue, de la juste éloquence comme lien entre les hommes, garant du « contrat social » de la République des lettres, condition première de la restauration d'une cité chrétienne, où la crédibilité du langage soit enfin assurée.

Pratiquement, cette exigence passe par la promotion des langues bibliques, appelées à incarner la langue véridique recherchée dans la *Lingua* ou l'*Ecclesiastes*.

23. Cf. *ASD*, I, 4, p. 32, l. 618-619.

24. Cf. *ASD*, I, 2, p. 114, l. 3-6. On a d'ailleurs là un argument fort en faveur des seules langues latine et grecque : la *Methodus* souligne simplement la rationalité de l'apprentissage conjoint des trois langues sans marquer leur nécessaire complémentarité (p. 100, l. 52-57).

II. — La fondation des collèges trilingues

La philosophie du langage chez Érasme légitime donc la fondation des collèges trilingues comme fondements de la *respublica literaria.*

Même si le modèle primordial demeure sans doute l'université d'Alcalá, les deux références récurrentes d'Érasme sont le *Collegium trilingue* de Louvain et le Collège royal de Paris, toujours présenté en comparaison avec celui de Louvain.

Le *Collegium trilingue* de Louvain est fondé en 1517 grâce à un legs de Jérôme de Busleyden, prélat riche et cultivé (il est le dédicataire de l'*Utopie* de More), ambassadeur de Charles Quint, mort en 1517 lors d'un voyage en Espagne. Les premiers cours au collège débutent dès 1518 et Érasme s'engage aux côtés des fondateurs pour recruter les meilleurs enseignants et assurer le succès de la nouvelle fondation, qui sera pourtant en butte aux attaques répétées des théologiens de l'université[25].

Le Collège royal de Paris est projeté par François Ier, à l'instigation de Guillaume Budé, mais ne voit réellement le jour qu'après 1530, même si du vivant du roi d'éminents humanistes reçoivent le titre de « lecteurs royaux » et forment un premier noyau d'enseignants[26].

Nous nous appuierons sur la correspondance d'Érasme[27] pour analyser l'intérêt porté à ces collèges, que Marc Fumaroli qualifie de « foyers de la République des lettres »[28].

1. *Fondation du « Collegium trilingue » de Louvain : sous le signe de la Pentecôte.*

La fondation du *Collegium trilingue* de Louvain est nettement liée, pour Érasme, à la nécessité de dépasser la multiplicité babélienne des langues vivantes pour réinstaurer le consensus, célébré par la Pentecôte, des langues que tous comprennent.

25. Sur le *Collegium trilingue*, cf. l'étude monumentale de Henry de Vocht, *History of the foundation and the rise of the « Collegium Trilingue Lovaniense »*, Louvain, 1951-1955. La chronologie des rapports d'Érasme avec le collège a été étudiée par Jean-Claude Margolin, « Érasme et le *Collegium trilingue Lovaniense* », dans *Les Origines du Collège de France (1500-1560)*, éd. Marc Fumaroli, Paris, 1998, p. 257-278.

26. Les origines de l'actuel Collège de France sont encore mal connues ; outre l'ouvrage classique d'Abel Lefranc, *Histoire du Collège de France*, Paris, 1893, on dispose désormais du volume issu du colloque sur *Les Origines du Collège de France*, cité à la note précédente.

27. Cf. *Opus epistolarum Desiderii Erasmi Roterodami, denuo recognitum et auctum per p. S. Allen, H. M. Allen et H. W. Garrod*, Oxford, 1906-1958, 12 vol. (dorénavant : Allen).

28. Cf. *Les Origines du Collège de France*..., p. x.

En février 1525, Érasme adresse une lettre de condoléances à Jean Sucquet[29], après la mort de son frère Antoine Sucquet, membre du Grand Conseil de Charles Quint et l'un des fondateurs du Collège trilingue. Érasme se plaint que certains travaillent à la perte du collège :

« Alors que de ce collège doit provenir pour tous, aussi bien du point de vue public que privé, l'utilité la plus grande, alors que doivent en sortir pour la cour de César des secrétaires instruits *(eruditi secretarii),* de sages conseillers *(cordati consiliarii),* des ambassadeurs éloquents *(legati facundi),* des chefs qui ne seront pas nobles seulement en apparence *(non tantum imaginibus nobiles),* et enfin des princes qui, s'il leur plaisait, pourraient répondre sans interprète aux orateurs *(principes qui, si videatur, possint oratoribus citra interpretem respondere).* »

Cette missive introduit une sorte de fiction à travers le modèle idéal du prince cultivé. L'on peut lire, me semble-t-il, ce passage en un double sens : certes, Érasme veut d'abord dire, très pratiquement, que dans le cadre de la cour impériale, l'instruction des élites permet l'adéquation des hommes à leurs fonctions et, tout spécialement, que la connaissance des langues — en l'occurrence du latin — peut dispenser les princes du recours aux interprètes ; mais plus profondément, il signifie aussi que sous nos yeux, au-delà des apparences *(non tantum imaginibus),* s'esquisse un monde de lettrés et d'orateurs *(eruditi, facundi, oratoribus)* où, grâce à la connaissance des langues, tous pourraient se comprendre et se parler sans truchement, un monde érudit où prévaudrait ce qui vient du cœur *(cordati)* et qui consacrerait le règne d'une langue universelle.

Au reste, le portrait du savant professeur que brossent les diverses lettres d'Érasme, soit qu'elles recommandent tel ou tel candidat pour les chaires vacantes du collège soit qu'elles adressent félicitations et mises en garde à l'ensemble du corps enseignant, correspond exactement à ce même idéal : à la nécessité de grandes compétences linguistiques[30] vient s'ajouter l'obligation de vertus morales[31]. Ainsi prodigue-t-il ses conseils au professeur de latin Conrad Goclenius, prompt à s'échauffer et à se battre contre les théologiens louvanistes qui dénigrent le collège[32] :

29. Allen, VI, ep. 1556.

30. Cf. Allen, III, ep. 686, 689, 695, à propos de l'hébraïsant Matthieu Adrien ; IV, ep. 1050, et V, ep. 1457, à propos du latiniste Conrad Goclenius ; VI, ep. 1768, et VII, ep. 1806A, à propos de l'helléniste Rutger Rescius.

31. Cf. Allen, IV, ep. 1104, 1223 ; VII, ep. 1806A, 1856.

32. Allen, IV, ep. 1223 ; août 1521.

« Je sais ce que mérite la mauvaise foi de ces gens-là. Mais toi, ce temps que tu étais sur le point de gaspiller, ou certainement de mal placer, en te battant avec des braillards, consacre-le à te livrer aux bonnes études. Veux-tu que je te montre un modèle brillant et grandiose de vengeance ? Fais en sorte de te présenter et en homme de mœurs impeccables et en professeur zélé et attentif de la meilleure littérature *(et inculpatis moribus virum, et sedulum ac diligentem optimarum literarum professorem)* […]. Voici ce qui, avant toute chose, m'a toujours plu chez vous deux[33] : c'est que, autant vos mœurs sont exemptes de toute turpitude, autant votre enseignement est chaste *(ut mores absunt ab omni turpitudine, ita casta est et professio).* »

Dans les mêmes termes, Érasme fait l'éloge de l'ensemble des enseignants à Nicolas Varius, président du collège[34] :

« Je peux à peine exprimer combien aussi j'aime tes professeurs et leur soin tout particulier de ne pas donner prise à la calomnie des contempteurs des langues. Est-il rien de plus pur et plus modeste que leurs mœurs ? *(quid illorum moribus incorruptius aut modestius ?)* »

2. *Le Collège trilingue, fondement de la République des lettres*

Le Collège trilingue est une telle pierre ajoutée à l'édifice de la République des lettres que la « bonne nouvelle » de sa fondation est envoyée aux quatre coins de la terre : le 26 octobre 1517, Érasme en avise le Français Budé[35] et l'Anglais Thomas Lupset[36] ; le 2 novembre, c'est le tour de Pierre Barbier, secrétaire du chancelier Le Sauvage, résidant alors en Espagne, puis du Bâlois Henricus Glareanus[37].

Le *Collegium trilingue* est présenté d'emblée comme la gloire et l'ornement, de l'Empire d'abord, et du monde des lettres plus largement : « une innovation si généreuse, si remarquablement destinée à être utile à tous et à faire honneur au Prince et à tout son pays » *(rem ad tam insignem omnium utilitatem, ad tam ingens ornamentum et Principis et totius huius ditionis paratam)*[38], dit Érasme à Budé. Ou encore, dans une lettre à Vivès : « Le collège des Trois Langues créé par la munificence de Busleyden doit apporter autant de profit à toute espèce d'étude que d'ornement à tout cet Empire » *(non*

33. Il semble qu'Érasme englobe dans cet éloge Goclenius et Rescius, professeur de grec.
34. Allen, VII, ep. 1856 ; août 1527.
35. Cf. Allen, III, ep. 689.
36. Cf. Allen, III, ep. 690.
37. Cf. Allen, III, ep. 707 et 721.
38. Cf. Allen, IV, ep. 1066 ; février 1520, à Guillaume Budé.

minus utilitatis allaturum omni generi studiorum quam ornamenti toti huic ditioni Caesareae)[39].

Il deviendra le modèle du Collège royal de Paris, toujours présenté dans la correspondance érasmienne en parallèle avec le *Collegium trilingue* de Louvain[40] : le jeu de miroir entre les deux institutions, établi par Érasme[41], est repris par ses interlocuteurs, que ce soit Jan Robyns, doyen de l'église de Malines[42], ou Gilles de Busleyden, frère du fondateur lui-même[43] :

« C'est pour moi un très grand plaisir d'apprendre qu'un roi si considérable va reprendre, à si grands frais, un dessein et un projet de mon très cher frère, de pieuse mémoire. Je vois que, si la chose se faisait, cette royale imitation ferait rejaillir sur mon frère une gloire plus illustre ; et notre collège des Trois Langues n'en tirerait que plus de considération aux yeux de tous. »

Surtout, le Collège est tourné vers le bien commun : la gloire qui en pourrait rejaillir sur Érasme lui-même ou sur tel des membres du corps enseignant s'efface toujours devant l'utilité publique[44], fin ultime vers laquelle doit tendre l'ensemble des membres de la République des lettres[45]. En février 1525, Érasme écrit à Jean Lallemand, secrétaire de l'empereur, pour dénoncer les menées des théologiens de Louvain contre le collège des Trois Langues et souligner l'importance majeure de l'établissement en ces termes[46] :

39. Allen, IV, ep. 1111 ; juin 1520, à Jean-Louis Vivès. Cf. aussi Allen, IV, ep. 1225 ; août 1521, à Pierre Barbier.

40. Cf. Allen, V, ep. 1434, 1435, 1457, 1461 ; VI, ep. 1558 ; IX, ep. 2449, 2456.

41. Cf. Allen, V, ep. 1434 ; mars 1524, à Jean Carondelet, chancelier de Marguerite d'Autriche : « La raison pour laquelle il m'a tant de fois fait appeler, le roi de France me l'a communiquée par messager. Il a décidé de fonder à Paris un collège des Trois Langues, pareil à celui qui existe à Louvain *(decrevit Lutetiae collegium instituere trilingue, quale est Lovanii).* Il voulait que je dirige cette institution. »

42. Cf. Allen, V, ep. 1457 ; juin 1524 : « Que le roi de France veuille fonder à Paris pareil collège des Trois Langues et qu'il invite Ta Paternité à le constituer ne m'étonne pas. En effet, à présent, il voit clairement à quel point cette fondation augmenterait l'éclat et l'utilité de sa célèbre Université. »

43. Allen, V, ep. 1461 ; juillet 1524.

44. Ce mérite est également attribué à Conrad Goclenius, qui refuse une situation plus avantageuse pour rester au Collegium trilingue au service de la communauté. Cf. Allen, V, ep. 1457 ; juin 1524 ; de Jan Robyns, doyen de l'église de Malines : « Il aspire à être utile à la communauté plutôt qu'à une personne en particulier. » *(Magis affectat prodesse communitati quam private persone.)*

45. Cf. H. Bots et F. Waquet, *La République des lettres*..., p. 117-120.

46. Allen, VI, ep. 1554.

« [Les théologiens de Louvain] font des pieds et des mains pour renverser le collège des Trois Langues, ornement unique de notre Empire *(unicum nostrae ditionis ornamentum).* Personnellement, je ne retire aucun profit de cette institution, mais le Prince et l'État y trouvent un avantage très considérable *(unde mihi quidem nihil metitur, sed inde et Principi et Reipublicae plurima utilitas)* ».

Le Collège trilingue est en fin de compte une véritable machine de guerre dressée contre la Tour de Babel, qui permettra de promouvoir le règne de cette République des hommes lettrés, sur laquelle se modèlera le pouvoir politique :

« Il en sortira en masse, comme d'un cheval de Troie *(ex hoc velut ex equo Troiano),* pour la cour de César, de bons secrétaires, des conseillers diserts, des ambassadeurs éloquents, des chefs qui sauront agir efficacement et parler brillamment, des citoyens pleins d'humanité. Car des hommes dépourvus de ces lettres que, non sans raison, on appelle humanités, méritent à peine le nom d'hommes *(nam homines absque litteris quas non abs re vocant humanitatis, vix merentur hominis vocabulum).* »

Certes, on trouve déjà dans cette lettre le tableau idéal de la cour, monde érudit, que développera la lettre 1556 ; mais, de surcroît, on note, outre la référence littéraire doublement fondatrice (Homère, père de toute littérature et, par delà, mythe troyen de l'origine de Rome, capitale modèle de l'humanisme), le ton abrupt qui préside à ce passage *(ex hoc velut ex equo Troiano),* exprimant l'imminence d'une véritable révolution au moins épistémologique, pour finir sur l'évocation incantatoire d'une fondamentale et nécessaire humanité *(nam* HOMINES *absque litteris quas non abs re vocant* HUMANITATIS, *vix merentur* HOMINIS *vocabulum).*

La fondation des collèges trilingues semble bien liée à la question du fondement d'un langage de vérité : à la simplicité des langues bibliques doit répondre la pureté de cœur des enseignants ; à la connaissance de ces langues, incarnations de la langue christique, doit correspondre la transparence d'un langage que tous pourraient entendre sans truchement. Cette langue originelle une fois rétablie permet alors à une communauté de s'instaurer, communauté de la *respublica literaria* encore idéale, mais dont les collèges trilingues peuvent laisser espérer l'avènement.

Isabelle DIU,
École nationale des chartes.

COMMENT FAIRE TAIRE LES PHILOSOPHES ?

THÉOLOGIE ET PHILOSOPHIE DANS LE GRAND COMMENTAIRE DE LUTHER A LA GENÈSE (1535-1545)

par

PHILIPPE BÜTTGEN

Récit de fondation, la Genèse l'est, entre autres raisons, pour avoir longtemps permis à ses commentateurs de mesurer le bien-fondé des savoirs humains. Une tradition ancienne, qui suit la division stoïcienne de la philosophie, voit en elle la physique de la Bible, et tire profit pour la comprendre du progrès des connaissances, que le texte valide ou non en retour[1]. C'est aussi ce que fait Luther : sa lecture de la Genèse est une confrontation avec les savants, qu'il nomme, comme tout le monde avant lui, *philosophi.* Que la confrontation soit souvent inamicale n'étonnera ni le lecteur de Luther ni, plus généralement, le lecteur des commentaires médiévaux à la Genèse. Sauf à reprendre un mythe que Luther lui-même a aidé à populariser, la méfiance envers la philosophie est loin d'être inconnue de la théologie et de l'exégèse médiévales[2]. Le Commentaire à la Genèse permet cependant de mesurer tout l'intérêt que Luther prend à la discussion avec les philosophes : l'intensité de celle-ci tout au long de l'œuvre est un premier indice qui devrait inciter à ne pas se contenter d'une caractérisation rapide, par un seul

1. Sur la tradition d'interprétation de la Genèse, nous renvoyons à la récente somme de Gilbert Dahan, *L'Exégèse médiévale de la Bible dans l'Occident chrétien, XIIe-XIVe siècles,* Paris, Cerf, 1999, spéc. p. 281-297, sur les rapports entre interprétation littérale, théologie et philosophie, et p. 264, 281 n. 1, 331 sur la tripartition stoïcienne de la philosophie : logique, physique, éthique.

2. Voir l'étude classique de Martin Grabmann, « Aristoteles im Werturteil des Mittelalters », dans *Mittelalterliches Geistesleben,* t. II, Munich, Max Hueber, 1936, p. 63-102, ainsi que les textes rassemblés par G. Dahan, *L'Exégèse médiévale...,* p. 289-297.

Fonder les savoirs, fonder les pouvoirs, XVe-XVIIe siècle : actes de la journée d'étude... (Paris, 8 avril 1999), éd. Dominique de Courcelles, Paris, 2000 (*Études et rencontres de l'École des chartes,* 6).

adjectif — « inamical », par exemple — de l'attitude de Luther envers la philosophie. On voudrait ici montrer en quoi la lecture luthérienne[3] de la Genèse permet de mieux cerner l'idée, généralement admise, d'une « critique de la philosophie » chez le Réformateur.

Un passage des Prêches sur la Genèse de 1523-1524 fournit un bon point de départ. Luther commente Gen. 1, 3 (« Que les eaux se rassemblent… ») :

« Ce sont là les mots qui conviennent, et [*Moïse*] a par là fermé leur g… aux philosophes ; nous nous sommes fait en bonne et due forme appeler *magistros artium*, maîtres des sept arts libéraux etc. Moïse, lui, regarde en arrière et dit : C'est la Parole éternelle qui a créé tout cela »[4].

Les « sciences naturelles » *(naturales artes)* ont fait dire aux philosophes que toutes choses sont nées soit de l'eau, soit du feu, soit du sang — là-dessus, leurs avis ont divergé. Le fait que la terre, comme le ciel, ait été créée en deux fois (« au commencement » et au moment où les eaux rassemblées l'ont laissé apparaître) démontre pourtant selon Luther qu' « elle ne pouvait trouver son être en soi » et que celui-ci ne tient qu'à la Parole de Dieu. De là s'impose la conclusion, que confortent l'ignorance et les erreurs des philosophes : « Il faut fermer sa raison, dit Moïse, il faut croire »[5].

La proclamation du pouvoir créateur de la seule Parole de Dieu s'accompagne donc de ce qu'on peut considérer comme un irrationalisme et un fidéisme[6]. Mais il y a dans le texte de Luther plus d'originalité que dans ces étiquettes usuelles. On peut en effet s'étonner de la formule « Moïse a fermé leur g… aux philosophes » — dans le latin de Rörer, *obturavit Mose philosophis ora*[7]. Sa violence même souligne un évident décalage chronologique :

3. Dans ce qui suit, l'adjectif « luthérien » sera relatif au seul Martin Luther.

4. *Predigten über das erste Buch Mose, gehalten 1523/1524*, dans *D. Martin Luthers sämmtliche Werke. Kritische Gesamtausgabe,* Weimar, 1883-…, t. 14, p. 104, l. 21-23 : « Das sein treffliche wort, do hat ehr den Philosophis das maul zcugestopfft, wir haben uns, mit urlaub, Magistros artium lasßen nennen, meister der sieben freien kunste *usw.* Moses schehets als zcu rugk und spricht : das ewige wort hat es geschaffen. » Je remercie Catherine Dejeumont et Bernard Roussel de m'avoir aidé à comprendre ce passage. Les textes de Luther seront désormais cités avec l'abréviation *WA,* suivie des indications de tome, page et ligne.

5. Nous résumons *WA* 14, 103, 30-104, 34, toujours dans la version Roth. Rörer a la dernière formule entièrement en latin : « Moses dicit nobis claudendam rationem nostram, tantum credendum » (*WA* 14, 104, 8-9).

6. Le passage des *Predigten* s'achève du reste sur le slogan *sola fide* : « Non potest hoc cognosci nisi sola fide » (*WA* 14, 104, 33-34).

7. *Predigten über das erste Buch Mose…*, *WA* 14, 104, 9. Pour une autre occurrence, dans

il n'y avait pas de philosophes du temps de Moïse. Sans doute faut-il comprendre que Moïse a fait taire les philosophes avant même que ceux-ci n'ouvrent la bouche. Mais cela même signifie un peu plus : que la philosophie constitue un adversaire immédiat et permanent de la parole mosaïque, une possibilité théorique constante, un savoir éternellement concurrent qui n'a pas besoin de s'incarner en des philosophes vivants. Telle est sans doute la leçon, et la difficulté, que Luther tire de la Genèse, au-delà de l'alternative entre créationnisme et éternité du monde.

I. — Finir par la Genèse : Luther, 1519-1545

La présente étude se limite à un seul chapitre de la Genèse, le premier, et à un seul commentaire parmi les nombreux que Luther a consacrés à ce livre, celui de 1535-1545. Ce choix répond à trois critères : un critère de représentativité, un critère d'authenticité et un critère doctrinal.

1. Si le premier commentaire de 1523-1524 énonce comme la devise de Luther face à la philosophie, c'est en revanche dans le second, daté de 1535-1545, que la confrontation prend toute son ampleur. A lui seul, ce texte contient 15 % des occurrences de *philosophia/philosophus* dans le corpus luthérien[8]. On aura donc quelque raison d'y voir le témoin le plus fidèle des conceptions de Luther sur la question.

Il convient préalablement de résumer l'histoire de l'interprétation luthérienne de la Genèse[9]. Avant 1535, le Réformateur a par deux fois commenté le texte. Son premier essai est peu exploitable : les sommaires latins qui en subsistent ne permettent même pas de savoir avec certitude si l'on a affaire à une série de sermons ou bien déjà à un cours, le premier avant 1535[10]. En revanche, on dispose de nombreuses versions des sermons de 1523-1524 sur

un contexte voisin, de l'expression « das maul stopffen » dans l'allemand de Luther, cf. *Eine Unterrichtung, wie sich die Christen in Mosen schicken sollen* (1526), *WA* 16, 373, 5-6.

8. Ce calcul, opéré sur l'index latin (non exhaustif) de la *Weimariana* (*WA* 67, *Lateinisches Sachregister, O-R, s. v. Philosophia* et *philosophus*) et sur nos relevés personnels, ne prétend donner qu'un ordre de grandeur.

9. Pour le détail de cette histoire, nous renvoyons à R. Stauffer, « L'exégèse de Genèse 1, 1-3 chez Luther et Calvin », dans *In principio : interprétations des premiers versets de la Genèse*, Paris, Centre d'études des religions du Livre, Études augustiniennes, 1973, p. 245-247.

10. Pour le détail des explications, cf. la notice de E. Thiele sur les *Predigten Luthers gesammelt von Johannes Poliander*, *WA* 9, 320-321. Les *Scholia in librum Genesios* sont édités en *WA* 9, 329-415. Sur la question du genre (cours ou prêches ?), cf. Peter Meinhold, *Die Genesisvorlesung Luthers und ihre Herausgeber*, Stuttgart, Kohlhammer, 1936, p. 141-150.

la Genèse : deux retranscriptions d'auditeurs, ainsi que deux éditions, allemande et latine, publiées en 1527[11].

Au vu de ce passé exégétique déjà riche, la décision prise par Luther en juin 1535 de se remettre à l'ouvrage apparaît d'autant plus remarquable qu'il s'embarquait pour la plus longue aventure de sa carrière d'enseignant. D'enseignant et non plus, cette fois, de prédicateur : malgré les particularités de sa forme, le grand Commentaire à la Genèse est avant tout une œuvre scolaire, ressortissant à la charge que dès 1512 l'université de Wittenberg avait confiée à Luther, *Lectura in Biblia*[12]. Par là s'expliquent sans doute les dimensions imposantes du texte, en temps (dix ans, jusqu'en février 1546) et en pages : quatre volumes édités entre 1544 et 1554, trois tomes de la *Weimariana.* Sur le fond, il faut retenir la conscience qu'avait Luther de signer une œuvre-testament et d'en arriver, avec la Genèse, au fondement de sa théologie. La Préface au premier volume présente le Commentaire comme une contribution de la vieillesse à l'enseignement universitaire[13] : de fait, Luther n'acheva son cours que trois mois avant sa mort. Auparavant, dès 1527, le premier chapitre de la Genèse avait reçu le titre de « fondement de toute l'Écriture sainte »[14]. Cet hommage au bon ordre de la Parole divine n'est guère surprenant en soi ; remarquable, en revanche, est le retour régulier de Luther vers la Genèse, la tentative, jusqu'au bout réitérée, de s'approcher du commencement.

11. Ces deux éditions, *In Genesin, Mosi librum sanctissimum D. Martini Lutheri Declamationes* (éd. Roth, Hagenau, 1527) et *Uber das Erst buch Mose, predigete Mart. Luth. ...* (éd. Rörer, Wittenberg, 1527), sont reproduites en *WA* 24. Le premier sermon de la série fut publié séparément dès 1524, sous le titre *Ein Sermon und Eingang in das erste Buch Mosi* (cf. *WA* 12, 438-452, qui en reproduit également une retranscription partielle par Roth, sous le titre *Prima concio Martini in Li*[*brum*] *Gene*[*seos*].). Les textes de *WA* 14 cités plus haut n. 4-7 sont extraits de la retranscription intégrale des sermons de Luther par Georg Rörer et Stephan Roth.

12. Dernier interprète en date, Ulrich Asendorf a particulièrement souligné ce point : cf. *Lectura in Biblia. Luthers Genesisvorlesung (1535-1545),* Göttingen, Vandenhoeck & Ruprecht, 1998, ouvrage important dont nous commencerons ici à discuter les thèses.

13. Cf. *Vorlesungen über 1. Mose* (1535-1545), *WA* 42, 1, 1-6 : « Lectiones meas in Genesin non in hoc institui, ut cogitarem aliquando edendas et invulgandas esse, sed ut praesenti Scholae pro tempore inservirem et tum auditorium tum meipsum in verbo Dei exercerem, ne desidiosa et prorsus inutili senectute mortem corporis huius finirem... » La traduction française partielle du texte due à René-H. Esnault (Luther, *Œuvres,* t. XVII, *Commentaire du livre de la Genèse,* chap. 1-11, Genève, Labor et Fides, 1975) laisse suffisamment à désirer pour qu'il nous ait paru nécessaire de retraduire.

14. *In Genesin Declamationes* (1527), *WA* 24, 18, 9-10 : « Et est certe caput hoc fundamentum totius scripturae » (la version allemande n'a pas cette remarque).

2. Le choix, à présent, du premier chapitre de la Genèse s'explique par des raisons de statistique et de prudence. L'interprétation des versets de la création du monde présente en effet l'avantage de proposer la référence à la philosophie la plus fournie (un tiers des occurrences dans l'œuvre) et en même temps la plus exploitable eu égard au contexte de publication du grand Commentaire. Le texte n'est en effet pas de la main de Luther : la publication du cours est le fruit du travail de quatre rédacteurs, au premier rang desquels il faut ranger Veit Dietrich, nommé dès la Préface[15]. De là est venue la question de la « valeur du Cours sur la Genèse pour la connaissance de Luther »[16] : intensément traitée jusqu'à la guerre, elle a ensuite été délaissée, les exégètes récents ayant même tendance à durcir les positions de leurs prédécesseurs pour autoriser leur propre usage du Commentaire, le plus souvent libre de toute interrogation sur le statut du texte[17]. Reste que, s'agissant du chapitre 1, l'authenticité du propos, voire le contrôle direct de Luther, sont garantis, comme l'indiquent les trois indices suivants :

a) Le premier tome de l'édition originale, qui couvre le commentaire des chapitres 1 à 11, s'achève sur une brève postface signée, comme la préface, par Luther. Si ce texte ne permet pas de conclure à une correction du volume par Luther, au moins peut-on supposer que le Réformateur a pris connaissance de son contenu[18].

b) Nous disposons des notes préparatoires de Luther à son cours sur Gen. 1, 1-3, conservées à la bibliothèque de l'université d'Iéna et publiées dans la *Weimariana*. Au cours d'une collation très précise, Peter Meinhold relève de nombreux échos, conceptuels et verbaux, entre ces notes et le texte édité de 1544[19].

15. Cf. *WA* 42, 1, 17-18. Sur la répartition de la tâche entre les quatre rédacteurs, cf. P. Meinhold, *Die Genesisvorlesung Luthers*..., p. 1-9 : Veit Dietrich est allé jusqu'à Gen. 21, soit le t. I (1544) et une partie du t. II (1550) ; Michael Roting, de Gen. 22 à 25, 10 (fin du t. II) ; Hieronymus Besold, de 25, 11 à 50, soit les t. III (1552) et IV (1554).

16. P. Meinhold, *Die Genesisvorlesung Luthers*..., p. 4-5.

17. Cf. récemment U. Asendorf, *Lectura in Biblia*..., p. 11, qui écarte la question ; en français, outre R. Stauffer, « L'exégèse de Genèse 1, 1-3... », p. 247, voir Marc Lienhard, « Luther et sa conception de l'homme : regards sur le Commentaire à la Genèse (1535 à 1545) », dans M. Samuel-Scheyder (dir.), *Image de l'homme : l'Allemagne au XVIe siècle*, Nancy, Presses universitaires de Nancy, 1994, p. 39. L'inspirateur de la recherche de Meinhold, Erich Seeberg, se contentait d'affirmer que le Commentaire à la Genèse constituait « certes une compilation savante, mais une compilation à partir de Luther » (*Studien zu Luthers Genesisvorlesung*, Gütersloh, Bertelsmann, 1932, p. 9).

18. Cf. *WA* 42, 428, 18-26 et P. Meinhold, *Die Genesisvorlesung Luthers*..., p. 118-123.

19. Cf. *WA* 42, XIX-XXV et P. Meinhold, *Die Genesisvorlesung Luthers*..., p. 184.

c) Les marques d'une « stylisation » du commentaire par ses rédacteurs se multiplient à partir du chapitre 2. Très remarquable apparaît ainsi la citation de *tous* les versets du texte sacré, y compris de ceux qui ne font pas l'objet de remarques particulières. Peter Meinhold voit là de la part de Veit Dietrich un effort pour faire passer le texte de l'état d'un *cours* à celui d'un *commentaire* courant. De là, au passage, la forme étrange d'un texte qui suit le plus souvent l'ordre scolaire (explication grammaticale du verset, explication de son sens, commentaire théologique), mais cherche à le rendre moins apparent en adoptant la forme suivie[20]. Le commentaire au chapitre 1, pour sa part, fait encore entendre les choix du professeur : non seulement tous les versets n'y sont pas commentés, mais surtout ils n'y sont pas tous cités[21]. On peut voir là le signe d'une plus grande fidélité du chapitre 1 du texte édité à l'enseignement de Luther, jusque, parfois, dans ses inflexions de voix[22].

3. La place éminente qu'occupe, dans la discussion de Luther avec les philosophes, le chapitre 1 du Commentaire de 1535-1545, tient enfin, on a commencé à le voir, aux exigences particulières que le récit des six jours impose à ses exégètes. Depuis la recommandation formulée par saint Augustin au livre I du *De Genesi ad litteram*[23], le texte constitue pour tout interprète le lieu de la confrontation avec les théories scientifiques, ainsi qu'avec

20. Deux exemples attestent la permanence des anciennes pratiques d'exégèse au chapitre 1 : l'annonce d'une discussion sur les mots (« Restat autem, ut de vocabulis etiam quaedam disputemus », *WA* 42, 8, 34), en l'occurrence sur *in principio*, qui ouvre la longue discussion sur la Parole et l'essence de Dieu (cf. *infra*, p. 43-45) ; et surtout les très nombreuses *quaestiones* (cf. p. ex. *WA* 42, 16, 8-9 : « Haec mea sententia est de his duabus questionibus », sur la nature de la lumière dans le *Fiat lux*).

21. Cf. P. Meinhold, *Die Genesisvorlesung Luthers…*, p. 263-265, avec, p. 262, la liste des versets non cités. Sur les formes de l'exégèse, voir les chap. II et III de G. Dahan, *L'Exégèse médiévale…*, p. 75-159, spéc. 108-116. On déplorera que la distinction de P. Meinhold entre des *cours (Vorlesungen)*, prononcés et pris en notes, et des *commentaires*, rédigés et censés servir des « buts *exclusivement* littéraires » *(Die Genesisvorlesung Luthers…*, p. 1-2, n. s.) soit formulée de manière un peu rigide et en tout cas inattentive à l'apparition du texte imprimé et à ses conséquences sur l'enseignement du premier XVIe siècle.

22. Cf. *WA* 42, 30, 20, l'apostrophe aux auditeurs : « Audivistis autem supra in primo die creatam esse lucem. » Dans les chapitres suivants, Veit Dietrich supprimera toute marque d'oralité.

23. Cf. saint Augustin, *De Genesi ad literam,* I, 19, 39, que nous citons d'après : *Œuvres de saint Augustin*, t. 48, *La Genèse au sens littéral en douze livres*, éd. P. Agaësse et A. Solignac, s. l., Desclée de Brouwer, 1972 (*Bibliothèque augustinienne*), p. 136 : « Turpe est autem nimis et perniciosum ac maxime cauendum, ut christianum de his rebus quasi secundum christianas litteras loquentem ita delirare audiat [*non christianus*], ut, quemadmodum dicitur, toto caelo errare conscipiens risum tenere vix possit. »

l'usage qu'en ont fait ses prédécesseurs. C'est dire que la tradition ne donne guère ici à Luther la possibilité de développer ce qui fait le centre et la spécificité de sa théologie, à savoir la doctrine de la justification par la foi seule. Tout au plus trouvera-t-on quelques allusions à la justice de Dieu, à propos du v. 26 et de la restauration de l'image de Dieu en l'homme[24]. En ce sens, le commentaire spécifiquement luthérien de la Genèse ne commence qu'au chapitre 3, où le récit de la Chute permet à Luther d'exposer dans le détail sa théorie de la permanence du péché.

Luther pouvait certes difficilement se démarquer de ses prédécesseurs sur un article de foi comme celui de la création du monde. S'agissant de philosophie, la contrainte, toutefois, nous paraît féconde : le récit des six jours force Luther à déplacer la cible de sa critique, à ne pas se contenter, comme il le fait le plus souvent, d'attaquer le caractère selon lui trop juridique ou moralisant des théories scolastiques de la justice de Dieu, en un mot à affronter la philosophie sur un terrain assez nouveau pour lui, bien qu'elle-même y ait été depuis longtemps acclimatée.

En même temps — et s'agissant de la fondation des savoirs, ce point est d'importance, — Gen. 1 échappe à la distinction que beaucoup d'exégètes de Luther ont formulée à propos de la philosophie : celle-ci, selon le Réformateur, aurait pleine validité dans le domaine terrestre, et ne devrait s'arrêter que là où se pose la question du salut, et elle seule[25]. Il est vrai que beaucoup de textes de Luther corroborent cette distinction, en particulier dans le Commentaire à la Genèse : ainsi en Gen. 3, 1 (le serpent), à propos de deux maximes aristotéliciennes *(ratio deprecatur ad optima, rectam rationem esse causam omnium virtutum)*, que Luther déclare ne pas rejeter, pourvu qu'elles « soient transférées aux choses soumises à la raison, à la conduite des troupeaux, à la construction des maisons, à l'ensemencement des champs »[26]. De même, plus loin, les « Papistes, les Turcs et les Juifs » sont-

24. Cf. *WA* 42, 48, 11-26 : l'Évangile restaure l'image de Dieu en l'homme et lui donne non seulement la vie éternelle, mais aussi « une autre justice, la vie nouvelle *(novitas vitae)* » dès la vie présente. Les occurrences de *iustitia* (*Dei*) se multiplient à la fin du chapitre : cf. *WA* 42, 49, 18-21 ; 50, 17-19 ; 51, 36-38 ; 55, 33-35.

25. Entre beaucoup d'autres exemples, voir R. Malter, *Das reformatorische Denken und die Philosophie : Luthers Entwurf einer tranzendental-praktischen Metaphysik,* Bonn, Bouvier, 1980, p. 78-90, qui donne les principales références sur cette question.

26. Cf. *WA* 42, 107, 27-32 : « Sed opponunt Aristotelis sententiam : Ratio deprecatur ad optima : hanc etiam quibusdam sacris sententiis conantur affirmare. Item eo, quod Philosophi disputant : rectam rationem esse causam omnium virtutum. Haec quidem non nego esse vera, cum transferuntur ad res rationi subiectas, ad gubernandas pecudes, aedificandam domum, conserendum agrum. Sed in rebus superioribus non sunt vera. »

ils dits sages, mais « dans leur genre, en philosophie, et non au royaume des Cieux »[27]. Les commentateurs ont assez souligné qu'il en allait ici du concept que Luther se faisait de la philosophie, et qui ne pouvait manquer d'être distinct du nôtre, dans la mesure où il inclut toutes les disciplines profanes, droit, politique, mathématique, physique, médecine[28]. Le chapitre 1 du Commentaire fournit cependant un cadre de référence plus précis : la philosophie qui y est discutée est celle de la faculté des Arts, dans laquelle Luther, comme ses prédécesseurs, faisait entrer une partie notable de l'activité scientifique, en particulier, ici, l'astronomie et l'arithmétique. Le rapport de Luther à cette philosophie-là a été rarement étudié, en dehors des déclarations de principe sur la partition du spirituel et du temporel. L'interprétation luthérienne de Gen. 1, qui recourt très peu à cette partition, élabore pourtant une position sur la philosophie autrement plus complexe. Pour la reconstruire, il faut sans doute plonger en deçà des contenus doctrinaux, en direction du parti pris herméneutique d'ensemble que Luther prend sur le texte, dans sa façon de *lire* le récit de la Création, avant même d'en exploiter le détail. C'est ce qu'on tentera de faire ici.

II. — Un commentaire non savant

A l'historien des sciences et des philosophies de la nature, qui trouve généralement une source de choix dans les Commentaires à Gen. 1, la contribution de Luther ne manquera pas d'apparaître décevante. L'information scientifique y est peu récente, remontant dans la plupart des cas à Nicolas de Lyre, et son acquisition n'entre pas dans les priorités de l'auteur, qui tend à fuir tout débat trop technique. Tout se passe comme si la recommandation d'Augustin citée plus haut jouait un rôle de contrainte extérieure, orientant le commentaire vers les questions attendues, sans que Luther cherche vraiment à les résoudre. Pourtant, la confrontation avec la philosophie n'en est pas moins répétée et insistante. L'explication de ce paradoxe ne tient pas tant à un changement opéré dans le concept de philoso-

27. *WA* 43, 241, 21-25 : « Igitur Papistae, Turci, Iudaei simpliciter nihil credunt nec intelligunt, quid sit peccatum, quid misericordia, iustitia, veritas, gratia : haec omnia sunt eis mera aenigmata : et tamen volunt videri sapientes, et sunt quidem, sed in suo genere, in Philosophia : non in regno coelorum. Quia de his spiritualibus rebus nihil intelligunt prorsus, sed contemnunt. »

28. Ainsi W. Joest, *Ontologie der Person bei Luther*, Göttingen, Vandenhoeck & Ruprecht, 1967, p. 85.

phie qu'à un changement d'orientation herméneutique, qui apparaît particulièrement dans la relation instaurée avec la philosophie. Le Commentaire de Luther entend proposer un nouveau genre de *commentaire non savant,* qui ne renonce pas à interpréter le texte, mais abandonne les instruments mis à sa disposition par la tradition. Il ne s'agit pas d'un commentaire de vulgarisation, tel que le genre pouvait par ailleurs se pratiquer, à l'époque, dans la prédication[29] : ici, il faut rappeler le caractère *universitaire* du texte. Pour autant, celui-ci ne comporte aucune marque de technicité scolaire. Luther l'annonce dès sa Préface :

« Tout en effet a été prononcé de manière improvisée et populaire, comme les mots me sont venus à la bouche, en masse et même mélangés d'allemand, de manière plus bavarde assurément que je ne le voulais »[30].

On pourrait ne voir là qu'une *captatio benevolentiae* si toute la suite du commentaire ne venait confirmer le jugement de Luther, l'élevant ainsi à la dignité d'un programme. Ce programme peut se formuler ainsi : il s'agit bien de *commenter,* et de commenter vraiment, mais sans passer par les habituelles médiations savantes. Pour cela, Luther va devoir formuler des exigences nouvelles qui sont autant de marques distinctives du commentaire non savant : on les relèvera d'abord indépendamment des exégèses dans lesquels elles s'insèrent.

1. Une première marque se trouve dans une revendication permanente de *simplicité.* Luther introduit l'explication de Gen. 1 en déclarant que « le chapitre est écrit en des termes en vérité très simples, mais contient des choses très considérables et très obscures »[31]. Le premier verset est présenté ainsi comme une « affirmation très simple » revenant à dire que « tout ce qui est a été créé par Dieu » — Luther répétera plus loin cette *simplex sententia et vera*[32]. Le but, ici, sera donc de dissiper l'obscurité dans la mesure du possible, sans toucher à la simplicité qui caractérise le texte.

29. Sur ce point, voir les indications de G. Dahan, *L'Exégèse médiévale...*, p. 156-157.

30. *WA* 42, 1, 27-29 : « Extemporaliter enim et populariter omnia dicta sunt, prout in buccam venerunt verba, crebro et mixtim etiam Germanica, verbosius certe, quam vellem. »

31. *WA* 42, 3, 15-16 : « Primum caput simplicissimis quidem verbis est scriptum, sed res continet maximas et obscurissimas ». Suit le rappel de la règle hébraïque, qui proscrivait la lecture de la Genèse avant l'âge de trente ans.

32. Cf. *WA* 42, 6, 24-25 : « Mosis igitur simplicissima est sententia haec : Omnia, quae sunt, esse creata a Deo... », et 15, 3-5 : « Sed retinenda est simplex sententia et vera : Deus dixit, id est, per Verbum condidit et fecit res omnes... »

L'exigence de simplicité reçoit deux justifications, dogmatique et exégétique. La première constitue pour ainsi dire la devise de tout le Commentaire : dans une remarquable défense de l'anthropomorphisme sur laquelle on reviendra, Luther soutient qu' « il faut louer l'amour de la simplicité, infiniment nécessaire en matière de doctrine »[33]. *Studium simplicitatis :* cet « amour de la simplicité » est aussi un travail sur la lettre du texte, et sur la manière propre qu'a Moïse de s'exprimer. La justification d'une exégèse simple s'appuie en effet aussi sur la forme narrative du texte : pour Luther, « Moïse raconte une histoire », destinée de surcroît à des « hommes ignorants »[34]. Cet argument, qu'on pourrait appeler l'argument du destinataire, de ses capacités étroites de compréhension, revient au v. 6, à propos des anges : le « silence » de Moïse « sur une question si importante » s'explique par le fait qu' « écrivant pour un peuple ignorant et jeune, il a voulu écrire ce qu'il était nécessaire et utile de savoir »[35].

Dans la discussion avec les philosophes, la simplicité sert aussi d'argument, mais se révèle d'un usage inattendu. On l'imaginerait propre à arrêter les spéculations de physique, comme il avait arrêté les spéculations sur les anges. Cela semble le cas au v. 6, à propos des trois parties du ciel issues de la division des eaux. Luther commence par trouver « étonnant » que le firmament soit placé « au milieu », entre les eaux d'en haut et celles d'en bas, avant qu'une « question » sur la nature des « eaux » ne vienne s'intercaler[36]. S'ensuivent un rappel de la théorie des quatre éléments et diverses considérations sur le nombre et la nature des sphères, que Luther finit par interrompre :

> « Moïse part de ce qui simple et clair, comme on dit, et il pose trois parties : les eaux d'en haut et celles d'en bas, et au milieu le firmament. Et sous le nom de "cieux", il embrasse la totalité du corps que les philosophes distinguent en huit sphères, avec le feu et l'air »[37].

33. *WA* 42, 12, 19-21 : « Igitur immerito damnati sunt [*anthropomorphistas*], et laudandum potius est studium simplicitatis, quod in doctrina maxime necessarium est. »

34. *WA* 42, 15, 31-34 : « Sed hoc est ludere intempestivis allegoriis (Moses enim Historiam narrat), non est interpretari scripturam. Praeterea Moses scripsit hominibus rudibus, ut haberent testimonia aperta de Creatione. »

35. *WA* 42, 18, 25-26 : « Sed Mose quia scripsit rudi et novo populo, quae scitu erant necessaria et utilia, scribere voluit. » Cf. auparavant l. 6-7 : « Mirum igitur est tacere de his tantis rebus Mosen. »

36. Cf. *WA* 42, 20, 35 - 21, 2.

37. *WA* 42, 22, 30-33 : « Moses de simplici et plano, ut vocant, procedit et ponit tres

Pourtant, Luther ne songe pas à mettre la simplicité de Moïse en conflit avec les distinctions des philosophes. Il se contente, à la suite, de signaler leur différence, tout en louant le travail de ces derniers :

« Cette distinction en sphères n'est par conséquent ni celle de Moïse ni celle de l'Écriture sainte : elle a été imaginée par des savants en vue de l'enseignement, ce en quoi il nous faut reconnaître un grand profit »[38].

Plus étonnant encore apparaît le recours de Luther aux philosophes *contre* les spéculations théologiques. Dans la première grande discussion du chapitre, Luther récuse la question de savoir « ce que Dieu pouvait bien faire avant la création du monde » en se réclamant d'Aristote. Poser cette question, c'est chercher à percer le mystère du « Dieu nu, [*de*] la pure essence divine » :

« C'est impossible, et c'est pourquoi Dieu s'est enveloppé dans un certain nombre d'œuvres et de formes, comme aujourd'hui il s'est enveloppé dans le baptême, dans l'absolution, etc. Si tu t'en écartes, tu passes au-delà de toute mesure, de tout lieu et de tout temps, dans le plus total des néants, celui dont, selon le Philosophe, il ne peut y avoir de connaissance. C'est donc à bon droit que nous négligeons cette question et que nous nous contentons de cette simple explication du mot "Au commencement" »[39].

2. Une deuxième marque du commentaire non savant se trouve dans l'*incompréhension* revendiquée par l'exégète. « Nous ne saisissons pas bien », « nous ignorons », « j'avouerai ne pas comprendre Moïse à cet endroit »,

partes : aquas supra et infra, et in medio firmamentum. Ac vocabulo coeli complectitur totum id corpus, quod Philosophi octo spheris igni et aëre distinguunt. »

38. *WA* 42, 22, 37-39 : « Igitur distinctio ista sphaerarum non est Mosaica nec sacrae Scripturae, sed est ab hominibus eruditis excogitate ad docendum, id quod magni beneficii loco debemus agnoscere. »

39. *WA* 42, 10, 5-10 : « Hoc quia impossibile est, ideo involvit se Deus in opera et certas species, sicut hodie se involvit in Baptismus, in Absolutionem etc. Ab his si discedas, tunc abis extra mensuras, locus, tempus et in merissimum nihil, de quo secundum Philosophum non potest esse scientia. Ergo merito omittimus hanc questionem, et hac simplici explicatione vocabuli 'in Principio' contenti sumus. » La maxime *de nihilo non potest esse scientia* ne se lit pas chez Aristote et constitue sans doute une déformation caractéristique de l'enseignement des facultés des Arts (cf. saint Thomas d'Aquin, *Somme contre les Gentils*, introd. René-Antoine Gauthier o. p., Paris, Éd. universitaires, 1993, p. 95-96). Je remercie Marwan Rashed de m'avoir indiqué une source possible en *Cat.* 7 *b* 29-30 (la non-simultanéité des relatifs : la science et son objet).

« j'avoue franchement mon ignorance », « ces choses passent notre prise » : l'aveu d'ignorance revient dans toutes les discussions importantes du commentaire, sur la nature des jours de la Création comme sur la nature des cieux[40]. Il se traduit, ailleurs, par un refus de juger les hypothèses des savants, ainsi sur la question de savoir si la lune emprunte sa lumière au soleil : « Pour moi, dit Luther, je ne nie ni ne condamne de telles vues »[41]. Ce refus de juger va jusqu'à une réticence à l'égard de toute affirmation tant soit peu définitive[42], et confère à tout le commentaire son allure déceptive, déconcertante pour le lecteur de Luther, habitué à un style beaucoup plus assertif[43].

III. — L'ALLÉGORIE : LUTHER CONTRE AUGUSTIN

Simplicité et incompréhension, les deux éléments du commentaire non savant convergent dans un *littéralisme* plusieurs fois revendiqué par Luther. Le texte de la Genèse est simple mais non intelligible, et c'est pourquoi le « style *(phrasis)* du Saint-Esprit » est posé à la fois comme principe d'explication et comme limite de la compréhension. Sur le premier point, Luther affirme clairement que le respect de ce style est une règle de l'interprétation :

> « Mais il faut ici répéter la règle que j'ai déjà proposée plusieurs fois plus haut, à savoir qu'il faut s'habituer au style du Saint-Esprit, de même que dans d'autres disciplines personne ne deviendra compétent avant d'avoir pris connaissance du genre de discours approprié »[44].

40. *WA* 42, 5, 10-11 ; 11, 16 ; 22, 8-9 ; 23, 39 ; 24, 36-37.

41. *WA* 42, 31, 11 : « Ego haec non nego nec damno… »

42. Cf. *WA* 42, 29, 1-15, le « Ego etsi nihil definio » qui introduit la discussion sur le moment de la création des plantes stériles et des arbres non frugifères. La discussion se clôt du reste sur une critique de la curiosité humaine, *odiosa* ou *otiosa*, selon la leçon retenue (l. 16).

43. Cf. dans le *De servo arbitrio* (1525), *WA* 18, 603, 1 - 604, 33, la critique du « scepticisme » érasmien, qui théorise la nécessité de l'*assertio* en théologie. Sur ce sujet bien documenté, voir D. Kerlen, *Assertio : die Entwicklung von Luthers theologischem Anspruch und der Streit mit Erasmus von Rotterdam*, Wiesbaden, F. Steiner, 1976, et G. Bader, *Assertio : drei fortlaufende Lektüren zu Skepsis, Narrheit und Sünde,* Tübingen, Mohr, 1985, spéc. p. 136-194.

44. *WA* 42, 35, 30-33 : « Sed hic repetendum duxi praeceptum, quod supra aliquoties proposui, quod scilicet assuescendum etiam est ad phrasin Spiritus sancti, Sicut etiam in aliis artibus nemo feliciter versabitur nisi prius recte cognito genere sermonis. » Voir aussi l. 37-40 : « Ad hunc modum igitur videmus Spiritum sanctum habere linguam et phrasin… », ainsi que *WA* 42, 36, 20 et 40, 19 (sur la *phrasis* de Moïse).

Cette règle est en même temps restrictive : dire que le Saint-Esprit a une *phrasis* qu'il faut respecter, c'est disqualifier toute interprétation qui se voudrait inspirée tout en tenant un autre langage que celui de l'Écriture. La *méfiance envers l'allégorie* constitue ainsi l'une des constantes du Commentaire luthérien à la Genèse, et l'un des motifs essentiels du chapitre 1. Sur ce point, les déclarations de principe scandent régulièrement l'œuvre : ainsi en 3, 23 (renvoi du Paradis) et surtout en 9, 12-16 (le signe de l'alliance), où Luther insère une digression *De allegoriis*[45]. Ce dernier texte s'essaie à un bilan de la position luthérienne sur le sujet, en distinguant entre les allégories que les exégètes entreprennent « par le mouvement propre de leur esprit et de leur intelligence, sans l'autorité de l'Écriture » et celles placées sous le contrôle de l' « analogie de la foi » et qui « non seulement ornent la doctrine, mais consolent aussi les consciences »[46]. On pourra penser que ce bilan cache bien des aspérités, et qu'il ne prête guère à discussion, abrité qu'il est derrière l'autorité de saint Paul[47]. Son intérêt réside cependant dans la liaison qu'il opère explicitement, à deux reprises, entre allégorie et philosophie : à Jérôme, Origène et Augustin, Luther reproche d' « aller chercher des maximes philosophiques » dans leurs allégories[48] ; et quand il loue Origène de s'en tenir aux allégories morales, il remarque tout de même que les « Philosophes sont eux aussi capables de statuer sur les mœurs des Gentils, quand bien même ils ignorent tout de la foi »[49].

45. Pour le premier texte, cf. *WA* 42, 172, 34-174, 20, avec le commentaire de U. Asendorf, *Lectura in Biblia...*, p. 314-318.

46. *WA* 42, 367, 37 - 368, 2 : « Nos autem cum damnamus Allegorias, de iis loquimur, quae proprio spiritu et ingenio, sine Scripturae autoritate finguntur. Nam aliae, quae ad fidei analogiam referuntur, non solum ornant doctrinam, sed etiam consolantur conscientias. »

47. Sur les variations de la doctrine luthérienne de l'allégorie (abandon seulement progressif, et jamais confirmé par une réelle autocritique), nous renvoyons à l'étude classique de Gerhard Ebeling, *Evangelische Evangelienauslegung. Eine Untersuchung zu Luthers Hermeneutik*, 2e éd., Darmstadt, Wissenschaftliche Buchgesellschaft, 1962, spéc. p. 48-85. Que Luther ait ressenti le besoin de réexposer plusieurs fois sa position, est en soi révélateur d'une difficulté ; on trouvera un bilan assez voisin dans un texte de 1532, la Préface à l'*In Samuelis librum priorem enarratio* de Justus Menius, *WA* 30/III, 539-540.

48. *WA* 42, 368, 16-19 : « Sed Hieronymi, Origenis et Augustini plaerasque vide : hi enim non de fide cogitant, cum Allegorias condunt, sed philosophicas sententias querunt neque ad mores nec ad fidem utiles : taceo, quod etiam satis ineptae et plenae absurditatis sunt. »

49. *WA* 42, 368, 34-38 : « Origenes sanior est quam Pontifices, qui fere ad mores Allegorias accommodat. Sed Pauli regula servanda erat, qui Analogiam fidei in Prophetia servandam esse praecipit : haec enim aedificat et vere ad Eclesiam pertinet. De moribus etiam gentilium Philosophi praecipere possunt, quanquam fidem plane ignorant. »

Ce texte du chapitre 9 met au net une problématique qui parcourt implicitement tout le chapitre 1. On peut en effet montrer que la question de la philosophie se concentre, au début du commentaire, dans le débat qui oppose Luther à saint Augustin et Hilaire de Poitiers sur le sens des jours de la Création et le statut de l'allégorie. Par trois fois en l'espace de cinquante pages, Luther revient sur la question de la durée de la Création : il s'agit de savoir si les six jours du récit délimitent une durée effective ou s'ils renvoient à autre chose qu'au sens propre des mots. Le problème est posé dès l'introduction du chapitre, qu'il faut citer un peu longuement :

« Hilaire et Augustin, pour ainsi dire les deux plus grandes lumières de l'Église, sont d'avis que le monde a été créé subitement, tout d'un coup, et non pas successivement, tout au long de six jours. Et Augustin traite de manière admirablement virtuose de ces six jours, dont il fait des jours mystiques de connaissance chez les Anges, et non des jours naturels. D'où l'habitude prise, dans les écoles comme dans les églises, des disputes sur la connaissance du soir et du matin, qu'Augustin a introduites et qui sont répétées avec soin par Lyre : celui qui veut les connaître, qu'il aille chercher chez Lyre.

Ces choses-là, même si l'on en dispute subtilement, ne font cependant rien à l'affaire. Quel besoin y a-t-il de fabriquer une double connaissance ? Il n'est pas non plus utile de rendre Moïse d'emblée si mystique et allégorique. Car ce qu'il entend nous enseigner, ce ne sont pas des créatures allégoriques, ni un monde allégorique, mais des créatures essentielles ainsi qu'un monde visible et exposé aux sens ; comme dit le proverbe, il appelle brebis une brebis et barque une barque, autrement dit il parle du jour et du soir comme nous avons coutume de le faire, sans allégorie »[50].

L'essentiel se trouve dans le qualificatif d' « allégorique » accolé à l'exégèse augustinienne des six jours. Celui-ci revient, assorti d'une appréciation plus sévère encore, au v. 3, lorsque Luther soulève la « question bien connue » de

50. *WA* 42, 4, 26 - 5, 9 : « Hilarius et Augustinus, quasi duo maxima Ecclesiae lumina, sentiunt mundum creatum subito et simul non successive per sex dies. Ac Augustinus mirabiliter ludit in tractatione sex dierum, quos facit mysticos dies cognitionis in Angelis, non naturales. Hinc in Scholis et Ecclesiis usitatae sunt disputationes de cognitione vespertina et matutina, quas Augustinus invexit, et a Lyra diligenter recitantur : qui volet eas scire, petat ex Lyra. | Haec etsi subtiliter disputantur, tamen nihil faciunt ad rem. Quid enim opus est facere duplicem cognitionem ? Nec etiam utile est, Mosen in principio tam facere mysticum et allegoricum. Quia enim nos vult docere, non de creaturis allegoricis, et mundo allegorico, sed de creaturis essentialibus et mundo visibili ac exposito sensibus, appellat, ut Proverbio dicitur, Schapham scapham, hoc est, diem et vesperam vocat, sicut nos solemus, sine allegoria. » Le proverbe mentionné est un jeu de mots en forme de contradiction performative, qui rappelle notre expression « appeler un chat un chat » tout en utilisant un terme équivoque : *sc(h)apha* signifie, au *h* près, « brebis » ou « nacelle ».

la lumière du *Fiat lux*, dont le paradoxe est d'avoir été créée avant tout luminaire, avant le soleil et les étoiles :

« Cette affaire a fourni à certains l'occasion de chercher ici une allégorie et d'interpréter le *Fiat lux* au sens de la création des anges. De même "Il sépara la lumière des ténèbres", au sens de : il sépara les bons anges des mauvais. Mais c'est là jouer avec des allégories déplacées (Moïse en effet raconte une histoire), ce n'est pas interpréter l'Écriture »[51].

L'argument déjà mentionné du Moïse narrateur est replacé cette fois dans son contexte, celui d'une valorisation de l'histoire contre l'allégorie et d'une réflexion herméneutique d'ensemble sur ce que signifie « interpréter l'Écriture ».

Il faut revenir ici au texte d'Augustin qui constitue la source de la discussion, *via* l'annotation de Nicolas de Lyre. Le *De Genesi ad litteram* est une œuvre bien connue de Luther, qui la cite une trentaine de fois[52]. L'interprétation des jours de la Création y occupe la fin du livre IV et une partie du livre V[53]. Augustin relève une différence entre « nos jours mesurés par la révolution du soleil » et les jours du récit biblique, dont les trois premiers sont « mentionnés et nombrés avant la création des astres » : de l'ordre même du texte, il faut conclure que « ces six premiers jours, dans lesquels furent créés les êtres, se sont déroulés selon un mode inhabituel et qui échappe à notre expérience »[54]. C'est plus précisément la nature de la

51. Cf. *WA* 42, 26-33 : « Haec res quibusdam occasionem dedit, ut Allegoriam quererent, et exponerent 'Fiat lux', hoc est, angelica creatura. Item 'separavit lucem a tenebris', hoc est, separavit Angelos bonos a malis. Sed hoc est ludere intempestivis allegoriis (Mose enim Historiam narrat), non est interpretari scripturam. »

52. Nous nous fions au décompte de H.-U. Delius, *Augustin als Quelle Luthers : eine Materialsammlung*, Berlin, Evangelische Verlagsanstalt, 1984, p. 75. L'autre autorité citée par Luther, Hilaire, est elle-même tributaire d'Augustin dans le texte du *De Trinitate* 12, 40, auquel il semble être fait allusion dans l'introduction du chap. 1 (pour l'identification de la source, cf. H.-U. Delius, *Augustin als Quelle Luthers*..., p. 76, confirmé dans un travail ultérieur du même, *Die Quellen von Martin Luthers Genesisvorlesung*, Munich, C. Kaiser, 1992, p. 37).

53. Sur cette interprétation, on se reportera à la note 20 de l'édition Agaësse-Solignac (cf. *supra*, n. 23), p. 646 et suiv., ainsi qu'à A. Solignac, « Exégèse et métaphysique : Genèse 1, 1-3 chez saint Augustin », dans *In Principio*..., p. 152-171.

54. Cf. *De Genesi ad litteram*, IV, 18, 33, p. 324 : « Unde probabilius est istos quidem septem dies illorum nominibus et numero alios atque alios sibimet succedentes currendo temporalia peragere spatia, illos autem primos sex dies inexperta nobis atque inusitata specie in ipsis rerum conditionibus explicatos, in quibus et uespera et mane sicut ipsa lux et tene-

lumière qui fait la différence : « corporelle » est la lumière de nos jours, puisqu'elle est produite par la révolution de corps luminaires, les astres, dans un autre corps, le ciel ; celle des jours de la création doit donc être dite « spirituelle »[55]. Cette lumière est en outre « spirituelle » en tant qu'elle renvoie à une « connaissance », dite elle aussi « spirituelle » et attribuée — l'innovation d'Augustin se situe là — à la « bienheureuse société des anges »[56]. Les jours de la Genèse désignent donc en fait un processus très particulier, celui de la connaissance angélique. Or ce mode de connaissance est trop élevé pour se soumettre à une quelconque succession. Par conséquent, non seulement les six jours n'en font qu'un, « *dies unus* », mais ce jour n'est pas lui-même une succession de moments. Les « jours », « soirs » et « matins » dont il est question dans le texte se produisent en vérité simultanément, et ne se distinguent que comme des scansions idéales, des étapes logiques de la connaissance. Augustin construit un schéma d'inspiration plotinienne où le « jour » est défini comme la « conversion » de l'ange vers le Créateur, qui lui fait contempler la créature dans le Verbe de Dieu, le soir comme la connaissance de la chose créée en elle-même et le matin comme le retour où l'ange « rapporte la connaissance à la louange de cette Vérité où il avait vu la raison de l'œuvre à faire »[57]. Ces trois opérations sont issues du « pouvoir spirituel de l'esprit angélique qui embrasse sans effort tout ce qu'il veut dans une connaissance simultanée »[58]. Augustin en conclut à l'existence d'un seul « jour », « qu'il ne faut pas concevoir d'après nos jours habituels, déterminés et nombrés par le parcours du soleil, mais selon un autre mode » — un autre mode d'être, exclusivement spirituel, et une autre durée, exclusivement noétique[59].

brae, id est dies et nox, non eam uicissitudinem praebuerunt, quam praebent isti per solis circuitus : quod certe de illis tribus fateri cogimur, qui ante condita luminaria commemorati atque numerati sunt. »

55. Cf. *ibid.*, IV, 22, 39, p. 334.

56. *Ibid.*, IV, 26, 43, p. 344 : « sed dies ille, quem fecit deus, per opera eius ipse repetitur non circuitu corporali, sed cognitione spiritali, cum illa beata societas angelorum... » (voir suite du texte note suivante)

57. *Ibid.* : « ... cum illa beata societas angelorum et primitus contemplatur in verbo dei, quo dicit deus : fiat, atque ideo prius in eius cognitione fit, cum dicitur : et sic est factum, et postea rem ipsam factam in ea ipsa cognoscit — quod significat facta uespera — et eam deinde cognitionem rei factae ad illius veritatis laudem refert, ubi rationem viderat faciendae, quod significatur facto mane. »

58. *Ibid.*, IV, 32, 49, p. 354 : « ... secundum potentiam spiritalem mentis angelicae cuncta quae uoluerit simul noticia facillima conprehendente... »

59. *Ibid.*, IV, 26, 43, p. 344 : « ac sic per omnes illos dies unus est dies non istorum

Luther ne se soucie pas de reconstituer dans son détail la position d'Augustin. Tout ce qui concerne en particulier les trois modes de la connaissance angélique — connaissance diurne, vespérale, matinale — est passé sous silence, et il est révélateur qu'il s'agisse de la composante la plus spéculative de l'exégèse, celle qui par l'usage du terme technique *conuersio* reconnaît sa dette néo-platonicienne[60]. Un élément retient avant tout l'attention de Luther : la simultanéité de la Création. L'opposition avec Augustin se formule sur ce point :

« Par conséquent, en ce qui concerne l'opinion d'Augustin, nous soutenons que Moïse a parlé au sens propre, et non pas allégorique ou figuré, c'est-à-dire que le monde avec toutes les créatures a été créé dans un intervalle de six jours, comme le disent les mots »[61].

Que les deux interprétations, luthérienne et augustinienne, se séparent sur cette thèse de la Création simultanée, c'est aussi ce que montre l'extrême fin du chapitre 1, qui insiste sur le caractère temporel de l'œuvre divine :

« Deuxièmement, c'est là un argument contre Hilaire et d'autres, qui ont décrété que Dieu a tout créé en même temps. Ici en effet se confirme notre opinion selon laquelle ces six jours furent de vrais jours naturels, puisqu'il [*Moïse*] dit ici qu'Adam et Ève furent créés le sixième jour. On ne peut pas chicaner sur ce texte. Or, à propos de la création de l'homme, il dira au chapitre suivant qu'Ève fut faite peu après Adam, non pas avec la glèbe de la terre, mais avec une côte de celui-ci, que Dieu préleva du flanc d'Adam dans son sommeil. Tout cela, ce sont des œuvres temporelles, c'est-à-dire qu'elles demandent du temps et qu'elles ne se sont pas faites en un instant, de même lorsque Dieu amena tous les animaux à Adam et qu'ils furent trouvés différents de lui. Ce sont là choses temporelles et accomplies le sixième jour ; Moïse les aborde ici par anticipation et les expliquera ensuite plus en détail »[62].

dierum consuetudine intellegendus, quos videmus solis circuitu determinari atque numerari ; sed alio quodam modo, a quo et illi tres dies, qui ante conditionem istorum luminarium commemorati sunt, alieni esse non possunt. »

60. Pour l'usage de *conuersio,* cf. la première esquisse d'interprétation du « soir » et du « matin » au l. IV, 22, 39, p. 334-336, sur la formation de la lumière spirituelle.

61. *WA* 42, 5, 15-17 : « Quod igitur ad hanc Augustini sententiam attinet, statuimus Mosen proprie locutum, non allegorice aut figurate, hoc est, mundum cum omnibus Creaturis intra sex dies, ut verba sonant, creatum esse. »

62. *WA* 42, 52, 23-33 : « Secundo : Est hic Argumentum contra Hilarium et alios, qui constituerunt Deum omnia creasse simul. Confirmatur enim hoc nostra sententia, quod isti sex dies fuerint vere sex dies naturales, quia hic dicit, quod Adam et Heua sint creati sexto

Cette « anticipation » est révélatrice : tout se passe comme si Luther, avant de clore le chapitre, avait ressenti le besoin de réfuter une dernière fois la thèse d'Augustin, au prix d'une entorse à la division du texte biblique. Aussi bien touchait-il ici à l'un des présupposés les plus profonds d'Augustin, celui qui veut que la Création ne soit pas préréglée par le temps, dans la mesure où les lois qui président au passage du temps ne sont pas elles-mêmes temporelles :

« Ce n'est donc pas avec lenteur qu'il a été statué que fussent lentes les choses lentes, et les siècles n'ont pas été créés dans un temps égal à leur durée. Car les temps s'écoulent selon des lois nombrantes qui leur ont été intemporellement données lors de leur création »[63].

Sur ce dernier point se concentre la différence des deux interprétations. A aucun moment Luther n'envisage la conséquence que repousse Augustin : celle qui voudrait, pour résumer, que Dieu ait eu besoin d'un jour pour créer le premier jour. L'insistance de Luther, à la fin du chapitre, sur les *temporalia opera* de la Création est une manière d'évacuer le problème auquel s'affronte Augustin, de le disqualifier *comme problème :* peu importe, quant au processus de la Création, que les six jours soient des jours naturels. On a là un type d'exégèse très marqué, non seulement anti-allégorique, mais aussi *non spéculatif,* par son refus de tirer la conclusion de ses propres thèses.

Il faut cependant se demander si l'exégèse d'Augustin mérite bien l'appellation « allégorique ». La chose serait curieuse dans une œuvre qui porte dans son titre la mention *ad litteram ;* Augustin lui-même la récuse très fermement, après avoir rappelé les grandes lignes de son interprétation des six jours :

« ... qu'on ne croie donc pas que tout cela ne doive pas s'entendre au sens

die. Hunc textum non licet cavillari. De ordine autem creationis hominis dicet in sequenti capite, quod Heua aliquanto post Adamum non ex gleba terrae, sicut Adam, sed ex costa eius sit facta, quam Deus ex latere dormientis Adae exemit. Haec omnia sunt temporalia opera, hoc est, quae tempus requirunt, nec simul uno momento facta sunt, sicut illa quoque, quod adducit Deus omne animal ad Adamum, et non invenitur simile ei etc. Haec sunt temporalia et gesta in sexto die, quae breviter per anticipationem Moses hic attingit, et postae explicabit latius. »

63. *De Genesi ad litteram,* IV, 33, 52, p. 360 : « Non itaque tarde institutum est, ut essent tarda, quae tarda sunt, nec ea mora sunt condita saecula, qua transcurrunt. Hos enim numeros tempora peragunt, quos cum crearentur non temporaliter acceperunt. »

propre, mais comme en un sens figuré et allégorique pour expliquer ce que sont le jour et le soir et le matin »[64].

L'avertissement est suivi d'une interrogation sur ce qu'il faut entendre par « sens propre » :

« Bien que cette succession soit autre que celle que nous expérimentons chaque jour par le jeu de notre lumière corporelle, ce n'est pas à dire qu'ici-bas cette lumière soit prise au sens propre, dans la Genèse en un sens figuré. Là en effet où la lumière est plus parfaite et plus évidente, là aussi le jour est plus vrai : pourquoi donc n'y aurait-il pas aussi un soir plus vrai, un matin plus vrai ? »[65].

Le sens propre est un sens « plus vrai », dont la vérité est indexée à la perfection de l'objet traité — en l'occurrence la lumière spirituelle, « plus parfaite et plus évidente » que celle que nous expérimentons quotidiennement. C'est en ce sens que l'exégèse d'Augustin se révèle spéculative : par l'équation qu'elle opère entre propriété des termes, perfection et vérité. Mais la spéculation, ici, refuse expressément d'être identifiée à l'allégorie.

En retour, il faut se demander sur quoi Luther appuie sa revendication du sens propre. En dépit de son littéralisme affiché, on peut douter que ce soit sur le texte. L'interprétation repose bien plutôt sur les mots « tels qu'ils sonnent », « *ut verba sonant* », sur nos habitudes de parole, « *sicut nos solemus* », en un mot sur le langage ordinaire[66]. Mais ce langage-là, Luther y insiste, est bien le « nôtre », et il est donc chronologiquement très éloigné du moment de la Création. Par conséquent, si le choix du langage quotidien comme référence a sur le papier l'avantage de permettre une forte identification du lecteur aux événements racontés par le texte, il n'en permet sans doute pas la meilleure compréhension. Luther doit le reconnaître au moment même où il réaffirme son principe d'interprétation :

« Bien que nous ne saisissions pas suffisamment le principe de ces jours et que nous ne comprenions pas pourquoi Dieu a voulu faire usage de ces intervalles de temps, il vaut mieux confesser notre ignorance plutôt que de tordre les mots pour leur donner un autre sens que celui de la chose même »[67].

64. *Ibid.*, IV, 28, 45, p. 348 : « Nec quisquam arbitretur illud [...] non iam proprie, sed quasi figurate atque allegorice conuenire ad intellegendum diem et uesperam et mane... »

65. *Ibid.* (à la suite) : « ... sed aliter quidem, quam in hac consuetudine cotidianae lucis huius et corporalis, non tamen tamquam hic proprie, ibi figurate ; ubi melior et certior lux, ibi uerior etiam dies. Cur ergo non et uerior uespera et uerius mane ? »

66. *WA* 42, 5, 17 (cf. *supra*, n. 61) et 4, 37 (cf. *supra*, n. 50).

67. *WA* 42, 5, 11-14 : « Quodsi non satis assequimur rationem dierum, nec intelligimus,

On retrouve ici l'un de ces aveux d'ignorance qui traversent tout le chapitre ; on peut s'étonner qu'il n'empêche pas que la polémique contre Augustin soit relancée à plusieurs reprises par la suite. Il est en outre possible de montrer que la *ratio dierum* n'est pas la seule chose qui échappe à Luther. Si l'on compare son interprétation à celle d'Augustin, on ne peut qu'être frappé par le nombre de questions qu'elle fait disparaître. Outre la question posée par l'absence de luminaires tout au long des trois premiers jours[68], on peut relever la question du septième jour, lui aussi différent des autres dans la mesure où il ne s'achève pas par un soir et ne marque pas de création particulière[69]. Ces difficultés, Augustin les extrait du texte par une série de renvois internes qui s'étendent à la *cetera contextio sermonis*[70]. Il est révélateur qu'elles soient absentes du Commentaire de Luther, qui revendique pourtant son respect de la lettre et s'en prend, en son nom, à Augustin. Des deux lectures, la plus immanente n'est donc pas nécessairement celle que l'on croit, dès lors que l'autre ne semble tenir qu'en éludant une grande partie des questions posées par le texte.

Mais il y a plus : le rejet de l'interprétation augustinienne met Luther dans une réelle difficulté, et le mène presque à la contradiction. Le v. 11 (création des herbes, des semences et des arbres fruitiers) suscite une série de *quaestiones* dont la première est de savoir à quelle saison s'est produite la Création. Pour Luther, le texte autorise toutes les conjectures : on peut pencher pour l'automne, saison où les arbres donnent leurs fruits (ceux-là mêmes que mangeront Adam et Ève au chapitre 3), ou pour le printemps, « car c'est alors que l'année est la plus belle » :

> « Mais aucune des parties [*de l'alternative*] ne présente de raisons suffisantes ; le texte, en effet, les confirme l'une et l'autre, puisque alors la terre germa (ce qui assurément n'est pas le propre de l'automne, mais du printemps) et les fruits apparurent. C'est pourquoi nous disons que le miracle du commencement du monde fut que tout apparut d'un coup, au point qu'à la fois la terre germa, les arbres fleurirent et, tout à coup aussi, les fruits suivirent »[71].

cur intervallis his temporis Deus voluerit uti, fateamur potius ignorantiam nostram, quam ut verba praeter rem ad alienum sensum torqueamus. »

68. Cf. *supra,* n. 54.

69. Cf. *De Genesi ad litteram,* IV, 26, 43, p. 344. L'interrogation sur le sens du repos divin constitue un point de départ dans l'interprétation augustinienne des jours de la Création : cf. IV, 8, 15 - IV, 18, 30.

70. Cf. *ibid.,* I, 19, 38, p. **.

71. *WA* 42, 28, 19-23 : « Sed neutra pars sufficientes rationes habet, utrunque enim textus confirmat, et quod terra germinaverit (id profecto non est autumni, sed veris), et quod

Immédiatement Luther signale que ce détail du texte confirme la thèse de la Création simultanée :

« C'est la raison qui poussa Hilaire et d'autres à décréter que le monde est apparu tout à coup achevé et que Dieu n'a pas mis six jours naturels pour accomplir l'œuvre de la création. Le texte en effet nous contraint à avouer que les arbres, en même temps que leurs fruits, étaient déjà apparus le jour où Adam fut créé. Bien que cela se soit fait plus vite que ce qui se produit habituellement aujourd'hui (car il faut chez nous à peu près un semestre), ce n'est toutefois pas seulement du terme de fructification que se sert le texte, mais aussi de celui de germination »[72].

Il est remarquable que cette concession à l'interprétation augustinienne se produise à un moment où Luther se montre particulièrement attentif au détail du texte, jusqu'à évoquer la contrainte que celui-ci exerce *(Cogit enim nos textus...)*. Elle ne le conduit pourtant pas à un revirement, mais à une sorte de retraite précipitée : le Réformateur, qui pensait d'abord que la question ne pouvait pas recevoir de réponse, déclare soudain que le monde commença très vraisemblablement au printemps, se replie sur des considérations calendaires empruntées aux coutumes des Hébreux, puis passe à une autre question[73].

Devant cette difficulté avouée mais non résolue, et qui fait exception au regard de toutes celles que Luther élude, une conclusion s'impose : l' « allégorie » est chez Luther avant tout un concept critique, qui désigne l'interprétation à réfuter, même si celle-ci se révèle au moins aussi littérale que la sienne. Sans doute l'allégorie est-elle aussi critique au sens où elle fait apparaître la pluralité des conceptions de l'exégèse littérale, bien représentée par Luther et Augustin. La question essentielle est alors la suivante: qu'est-ce qui

fructus tum extiterint. Quare illud dicimus miraculum primi mundi fuisse, quod subito ista omnia extiterunt, ut et germinaret terra ac florerent arbores, et subito etiam subsequerentur fructus. »

72. *WA* 42, 28, 28-34 : « Porro haec causa est, quae movit Hilarium et alios, ut statuerent, mundum subito extitisse perfectum nec sex dierum naturalium intervallo ad creationis opus Deum usum esse. Cogit enim nos textus, ut fateamur arbores una cum fructibus eo die, quo Adam conditus est, stetisse. Hoc etsi sit citius factum, quam hodie solet (nam semestri fere apud nos opus est), tamen non solum verbo fructificandi sed germinandi etiam verbo textus utitur. »

73. *WA* 42, 28, 35-38 : « Quod igitur attinet ad questionem supra propositam, maxime verisimile est veris id fuisse tempus, quo mundus cepit. Sicut Iudaei quoque suum annum incipiunt et primum mensem veris tempus faciunt, cum terra quasi aperitur et omnia pullulant. » La question suivante (« Queritur etiam hoc loco... », *WA* 42, 29, 1) porte sur le moment de la création des plantes stériles et des arbres sans fruits (cf. *supra,* n. 42).

pousse le Réformateur à se placer dans une situation aussi inconfortable que la sienne ? Qu'est-ce qui le pousse à affirmer le caractère « naturel » des jours de la Création, quitte à reconnaître qu'il ne comprend pas ce que ces jours signifient ? Qu'est-ce qui le pousse enfin à délester son commentaire de bien des questions posées par la tradition, au risque de l'appauvrir et de tomber dans la contradiction ? Un début de réponse se trouve dans les questions mêmes qui sont éludées : ce que Luther évite dans les questions d'Augustin, c'est leur caractère spéculatif, ou, comme le dit un commentateur, « métaphysique »[74]. En même temps, on l'a vu, Luther a soin d'attaquer Augustin sur ce qui donne lieu à la spéculation, plus que sur la spéculation elle-même[75]. C'est dire que les questions d'Augustin sont rejetées pour leurs conséquences : la thèse de la Création simultanée se prolonge en effet dans une interrogation sur les lois du passage du temps et, au-delà, sur le rapport entre temps et créature[76]. C'est dire aussi que Luther sait très bien ce qu'il rejette : sa critique anti-allégorique est d'emblée anti-spéculative, et présuppose l'équation qui sera formulée plus loin dans le Commentaire entre allégorie et philosophie[77]. De manière significative, les considérations calendaires qui tout à l'heure ressemblaient tant à une échappatoire sont reprises dans un autre texte qui oppose la signification théologique du temps chez les Hébreux aux conceptions des philosophes[78]. Dès lors, entre Augustin et Luther, on veillera à ne pas figer la comparaison en palmarès : le plus littéral, le plus profond… Les difficultés que rencontre Luther dans sa critique

74. Cf. A. Solignac, « Exégèse et métaphysique… », p. 168, qui parle d'une « interprétation *méta-physique* qui, à partir des textes et des réalités mais en les dépassant, cherche à rendre les textes cohérents et les réalités intelligibles. »

75. Cf. *supra*, p. 33, sur l'absence d'intérêt de Luther pour les détails de l'angélologie d'Augustin. En revanche, la critique de l'interprétation angélologique de la Genèse parcourt tout le chapitre : cf., outre la remarque selon laquelle Moïse avait des questions bien plus « nécessaire[*s*] et utile[*s*] » à traiter que celle des anges (cf. *supra*, n. 35), les notations de Luther en *WA* 42, 23, 6-10 et surtout 43, 18-27.

76. Sur ce dernier point, qui complète le l. XI des *Confessions*, voir *De Genesi ad litteram*, V, 5, 12, p. 390 : « … unde ante creaturam frustra tempora requiruntur, quasi possint inueniri ante tempora tempora […]. Potius ergo tempus a creatura quam creatura coepit a tempore, utrumque autem ex deo… »

77. Cf. *supra*, p. 29-30.

78. On comparera le texte cité *supra*, n. 73 à *WA* 42, 36, 7-11, sur Gen. 1, 14 (« Et sint [*luminaria*] in signa et tempora et dies et annos ») : « Sic etiam accipiendum est vocabulum temporis in hoc loco. Neque enim Ebraeo et Philosopho idem est tempus sed vocabulum temporis Ebraeis significat theologice statuta festa, item intervalla dierum, quae in annum concurrunt. Quare fere ubique redditur per nomen festum seu festivitas, nisi cum de tabernaculo dicitur. »

de celui qu'il considère par ailleurs comme son maître en théologie révèlent autre chose que la réussite ou l'échec d'un commentaire : un véritable changement de paradigme interprétatif, que fait particulièrement apparaître la position adoptée sur la philosophie.

IV. — Une théologie de la Parole et ses conséquences

Pour le montrer, on repartira du paradoxe de la conception luthérienne de l'interprétation littérale, où le modèle du langage ordinaire semble contredire la consigne d'un strict respect de la *phrasis* du Saint-Esprit. Il y a là une tension qui renvoie au projet le plus profond du Commentaire à la Genèse, celui d'une *théologie de la Parole de Dieu.* Ce projet, qu'il va s'agir à présent de décrire, est résumé dans une formule de Luther sur le v. 3 *(Fiat lux) :* dans ce passage, Moïse « *parle de la Parole émise*, par laquelle quelque chose est ordonné et prescrit »[79]. A son tour, Luther ne fait pas autre chose : son Commentaire parle de la Parole, et toute sa théologie entend s'y rassembler.

Verbum : pourquoi traduire par « Parole » plutôt que par « Verbe » ? L'enjeu est important, car cette dernière traduction engage, *via* Jn 1, le rapport de Luther avec la spéculation trinitaire. Celle-ci est bien présente dans le texte, et il faudra mesurer son rôle exact. D'ores et déjà, on peut remarquer qu'elle s'organise autour de la profération ou de l'émission d'un *verbum* toujours considéré comme *prolatum,* ce qui fait de celui-ci autre chose qu'une entité spéculative : le Commentaire consacre une assez longue note de vocabulaire à ce sujet[80]. Sur la « Parole toute-puissante émise dans l'essence divine »[81], le Réformateur entend encore se distinguer d'Augustin :

79. *WA* 42, 15, 14-18 (n. s.) : « Item : 'Omnia per ipsum et in ipsum sunt condita' [*Col. 1, 16*] [...] et similia loca ex hoc Mosi loco sunt desumpta, qui *loquitur de verbo prolato,* quo iubetur et praecipitur aliquid. »

80. Cf. *WA* 42, 13, 19-29, sur les deux verbes hébreux *amar* et *dabar.* Les Prophètes utilisent *dabar* pour désigner la Parole comme « chose » *(res),* lorsqu'ils disent « Hoc est verbum Domini » ; Moïse au contraire recourt à *amar,* « quod simpliciter et proprie significat prolatum verbum ».

81. *WA* 42, 15, 19-21 (n. s.) : « Id Verbum est Deus, et est omnipotens Verbum, *prolatum* in divina essentia. Hoc *proferre* nemo audivit, nisi Deus ipse, hoc est, Deus pater, Deus filius, et Deus spiritus sanctus. Ac dum *prolatum* est, generata est Lux, non ex materia verbi, nec ex natura dicentis, sed ex tenebris ipsis, sic ut Pater intus diceret, et foris fieret statim atque exsisteret Lux. »

« Augustin explique cette expression “il dit” un peu différemment. Voici comment elle est interprétée : “il dit”, c’est-à-dire : ainsi en fut-il éternellement décidé dans la Parole du Père, ainsi cela fut-il établi en Dieu, car le Fils est la raison, l’image et la sagesse du Père. Mais ce qu’il faut retenir, c’est ce sens simple et vrai : Dieu dit, c’est-à-dire, par la Parole il a créé et fait toutes choses, comme le confirme l’Apôtre lorsqu’il dit : “celui par qui les siècles ont été créés” [*Hebr. 1, 2*] »[82].

Le travail de simplification du commentaire luthérien, bien visible ici, repose sur une compréhension du *verbum* comme Parole proférée, simple fait de dire doté du pouvoir créateur. « Il dit, et c’est fait » : la formulation est resserrée pour désigner quelque chose qui ressemble à un acte de langage, et que Luther oppose volontiers, comme tel, aux explications des philosophes :

« Aristote peut faire du Premier Moteur la cause de tout, Averroès peut dire que les formes assistantes sont les causes extérieures du mouvement ; nous, qui suivons Moïse, nous disons que tout cela est simplement régi et conduit par la Parole de Dieu. Il dit, et c’est fait »[83].

Théologiquement, l’attention à la Parole comme acte a une conséquence importante, puisqu’elle crée un nom divin : Dieu est le *Dictor,* « celui qui dit ». Le terme apparaît deux fois dans le chapitre, en contexte trinitaire, et donne à Luther l’occasion de se rapprocher d’Augustin : Dieu est « Celui qui dit, qui crée, sans pourtant utiliser de matière ; par sa seule Parole, qu’il profère, il crée le Ciel et la Terre à partir de rien »[84].

82. *WA* 42, 15, 1-6 : « Augustinus paulo aliter exponit verbum ‘dixit’, sic enim interpretatur : ‘Dixit’ hoc est fuit ab aeterno in verbo Patris ita definitum, ita apud Deum fuit constitutum, Quia Filius est ratio, imago et sapientia Patris. Sed retinenda est simplex sententia et vera : Deus dixit, id est, per Verbum condidit et fecit res omnes, sicut Apostolus comprobat, cum dicit : ‘Per quem condita sunt secula.’ » La source de ce passage se trouve dans le *De Genesi ad litteram,* I, 2, 6 (cf. H.-U. Delius, *Die Quellen von Martin Luthers Genesisvorlesung…*, p. 19).

83. *WA* 42, 23, 3-7 : « Quod igitur Aristoteles causam omnium horum facit primum Motorem, Averrois autem formas assistentes a foris motuum causas dicit, nos secuti Mosen dicimus omnia ista geri et regi simpliciter verbo Dei. Ipse dixit, et factum est. Non mandavit corpora ista regenda Angelis, sicut nec nos ab Angelis gubernamur, quanquam custodimur ab Angelis. »

84. Cf. *WA* 42, 13, 30-33 (n. s.) : « Quemadmodum igitur supra probavimus ex textu pluralitatem personarum, Ita hic manifesta est distinctio personarum. Dicit enim Deum esse, ut sic loquar, Dictorem, qui creat, et tamen non utitur materia, sed solo verbo, *quod profert,* ex nihilo facit coelum et terram. »

Luther s'avoue frappé par le contraste qui existe entre la Parole, si facilement émise, et l'œuvre de la Création : « Dieu ne travaille pas plus à créer que nous à donner des noms »[85]. Cet étonnement est sans doute à l'origine du principal motif théologique du Commentaire, l'éloge de la « toute-puissance de la Parole », *omnipotentia verbi*. La Parole maintient le ciel en l'état malgré sa fluidité et la rapidité de son mouvement[86] ; elle donne au monde sa consistance[87], l'illumine et le met en ordre[88] : « tout est possible » à la Parole créatrice, *omnipotens verbum*[89].

C'est précisément sur ce point que les philosophes sont attaqués tout au long du Commentaire : ils ignorent la « force de la Parole de Dieu ». C'est le cas dans leurs discussions sur le centre de l'univers[90]. Il en va de même lorsque se pose la question de savoir si les corps célestes et les étoiles sont animés et doués de raison : Luther rappelle l'opinion de Platon dans le *Timée,* avant de la rejeter en posant que les êtres inanimés sont « gouvernés et conservés par la puissance de la Parole qui les a créés », à la seule fin de préparer à l'homme « une maison et un accueil »[91]. Mais l'opposition la plus spectaculaire se fait sur la génération des êtres animés, à la suite du « Croissez et multipliez » :

85. C'est le deuxième texte sur le *Dictor, WA* 42, 17, 26-32 : « Verbum autem increatum est divina cogitatio, iussio interna, manens in Deo, et idem cum Deo, et tamen distincta Persona. Sic Deus se nobis revelat, quod sit Dictor, habens apud se Verbum increatum, per quod mundum et omnia creavit facilimo opere, dicendo scilicet, ut non plus negocii Deo sit in creatione quam nobis in appellatione. Huiusmodi cogitationibus boni Patres Augustinus et Hilarius quoque se oblectarunt. »

86. Cf. *WA* 42, 19, 32 et suiv. : « Haec igitur sunt miracula Dei, in quibus omnipotentia verbi cernitur… »

87. Cf. *WA* 42, 7, 30-33 (II. Pierre 3, 5) ; 16, 24-25 (Ps. 33, 6) ; 20, 3-4.

88. Cf. *WA* 42, 8, 9-11 ; 25, 22-23.

89. *WA* 42, 37, 4-6 : « Solum Verbum dicit Deus et statim ex aqua producuntur volucres. Verbum igitur si sonet, omnia possibilia sunt, ut ex aqua fiant vel pisces vel volucres. » « Omnipotens Verbum », cf. *supra*, n. 81.

90. Cf. *WA* 42, 26, 29-36 : Dire que la terre est le centre de l'univers suppose qu'elle soit fermement entourée par le ciel et les autres sphères : « Sic coelum et reliquiae spherae nituntur centro, ut ipsae quoque sint durabiles. Haec sunt digna cognitione. Sed hoc Philosophi nesciunt, quod illa stabilitas tota est ex vi verbi Dei. »

91. Cf. *WA* 42, 35, 15-29, spéc. l'opinion des philosophes : « Quanquam quidam ex Philosophis de stellis et superioribus corporibus ita locuti sunt, ac si essent animalia et rationalia », et sa réfutation : « Sed haec sententia plane est explodenda et accommodandus intellectus noster ad verbum Dei et ad scripturam sanctam, quae clare docet Deus ista omnia condidisse, ut futuro homini pararet ceu domum et hospicium, ac gubernari et conservari ista virtute verbi, quo sunt condita. »

« Quelle est donc la cause de cette étonnante génération ? La poule pond un œuf, le couve jusqu'à ce qu'apparaisse dans l'œuf un corps vivant que la mère plus tard fait sortir. Les philosophes avancent cette cause : cela se ferait par l'opération du soleil et du ventre. Je l'accorde. Mais les théologiens disent, d'une manière bien plus appropriée, que cela se fait par l'opération de la Parole qui dit ici : "Il les bénit et dit : Croissez et multipliez" ».

Luther va jusqu'à esquisser une ontologie alternative où la Parole est immanente aux êtres animés :

« Cette Parole est présente à la poule et à tous les êtres animés, dans leur corps même, et la chaleur par laquelle la poule couve ses œufs vient de la Parole divine ; car si elle était privée de la Parole, cette chaleur serait inutile et inefficace »[92].

Cette ontologie possède un vocabulaire qui lui est propre. Les philosophes ont leur langage, qui n'est pas celui de Moïse : celui-ci parle de « bénédiction », les philosophes de « fécondité », un terme dont Luther souligne la faiblesse en répétant sa consigne de respecter la *phrasis* de l'auteur[93].

Il ne fait pas de doute qu'on touche là au principe de la critique des philosophes dans le Commentaire à la Genèse. Ce principe se laisse ainsi formuler : les philosophes raisonnent « sans la Parole », *sine verbo*. Il est significatif qu'il apparaisse en tête du Commentaire, dès l'introduction au chapitre 1 :

« Quant à l'opinion des philosophes sur la matière, dont Lyre juge la connaissance nécessaire, car d'elle dépendrait la compréhension de l'œuvre des six jours, je ne sais pas si Lyre a bien compris ce qu'Aristote appelle la matière. Car ce n'est pas

92. *WA* 42, 40, 5-12 : « Quae igitur huius admirabilis generationis est causa ? Gallina parit ovum, id fovet, donec vivum corpus in ovo fiat, quod postea mater excludit. Philosophi allegant causam : fieri ista sole operante et ventre. Concedo hoc. Sed Theologi magis proprie loquuntur fieri illa operante verbo, quod hic dicitur : 'Benedixit eis, et dixit : Crescite et multiplicamini.' Hoc verbum gallinae et omnibus animantibus in ipso corpore praesens est, et calor, quo fovet ova gallina, est ex verbo divino, quia, si absque verbo esset, calor ille esset inutilis et inefficax. »

93. *Foecunditas* ne s'applique pas à tous les cas de figure, notamment pas à la génération des plantes et des arbres. Cf. *WA* 42, 40, 19-24 : « Hic igitur observanda est phrasis Mosis. Quod enim benedictionem vocat, Philosophi vocant foecunditatem, cum scilicet corpora integra et viva a corporibus integris et vivis producuntur. Cuius nihil simile est in arboribus neque enim arbor generat simile sibi sed semen generat etc. Magnum hoc miraculum est, sed sicut cetera ita hoc quoque usu viluit. »

ce chaos informe et brut qu'Aristote appelle matière, contrairement à Ovide. C'est pourquoi, une fois passées toutes ces questions non nécessaires, venons-en à Moïse : c'est le meilleur Docteur que nous puissions suivre, avec plus de sûreté que les philosophes qui disputent sans la Parole de choses qu'ils ignorent »[94].

En même temps, ce passage pose une énigme : la critique des philosophes part ici d'une critique de Nicolas de Lyre, censé avoir mal compris Aristote. La critique n'empêche pas la rectification, par une disposition typique du Réformateur, qui manque rarement une occasion de vanter sa connaissance des philosophes, notamment d'Aristote[95]. C'est cette même disposition qui s'exprimait lorsque Luther se servait d'Aristote pour réfuter ceux qui entreprennent de connaître Dieu sans ses œuvres et sa Parole, dans le *merissimum nihil*[96]. On verra pour finir en quoi le Commentaire à la Genèse permet de mieux la comprendre.

Pour le moment, il faut noter que la critique liminaire des philosophes éclaire la grande discussion dogmatique du premier chapitre sur la Trinité, dans laquelle prend précisément place la critique du *merissimum nihil*. La séquence s'étend sur sept pages et est probablement la plus articulée de tout le chapitre. Le point de départ se situe dans une interprétation littérale du « Au commencement » de Gen. 1, 1, contre les Ariens. « Au commencement » est simplement adverbial et signifie, selon Luther, « Au temps où il n'y avait pas de temps » ou « Quand le monde commença ». Interpréter l'expression d'une manière immédiatement trinitaire, au sens de « dans le Fils », au lieu d'y voir « ce qu'il y a de plus simple et qui peut être compris par les plus ignorants », c'est risquer de tomber dans l'erreur des Ariens, qui « s'imaginèrent que les anges et le Fils de Dieu avaient été créés avant le commencement ». Mais Luther met également en garde contre le danger qu'il y a à « spéculer et disputer à l'infini » sur ce que Dieu faisait avant la création du monde. L'hérésie arienne vient de là : elle aboutit à nier la

94. *WA* 42, 5, 26-32 : « Quod autem Lyra putat necessariam cognitionem sententiae Philosophorum de materia, quod ex ea dependeat intellectus operationis sex dierum, nescio, an Lyra intellexerit, quid Aristoteles vocaverit materiam. Neque enim Aristoteles, sicut Ovidius, materiam vocat informe et rude illud chaos. Quare omissis istis non necessariis accedamus ad Mosen tanquam meliorem Doctorem, quem tutius possimus sequi, quam Philosophos sine verbo de rebus ignotis disputantes. » Le passage mentionné d'Ovide se trouve en *Métamorphoses* I, 6.

95. Sur ce point, nous nous permettons de renvoyer à notre article « D'Aristote à Luther et retour : la critique luthérienne et les néo-aristotélismes », dans *Le Voyage des théories,* éd. A. Benmakhlouf, Casablanca, Le Fennec, 2000, p. 15-47.

96. Cf. *supra*, n. 39.

simultanéité des Personnes dans l'essence divine, dès lors qu'elle considère le Fils, ou la Parole, comme créé une première fois avant le reste de la Création. La marque trinitaire de Gen. 1 se situe en fait ailleurs, dans le pluriel *Elohim :* Luther polémique alors contre les exégètes juifs, qui refusent de voir dans le pluriel grammatical une indication de la pluralité des Personnes[97].

Dans cette analyse, il est significatif que Luther se serve trois fois de l'expression *sine verbo.* Tout éloignée qu'elle soit dans le temps, la controverse arienne permet à Luther de poser, de manière d'abord négative, le fondement de sa théologie de la Parole :

« Ceux qui veulent atteindre Dieu sans les voiles dont il s'enveloppe, ceux-ci s'échinent à monter au ciel sans échelle (c'est-à-dire sans la Parole), ce qui fait qu'ils retombent, accablés par Sa majesté, qu'ils s'efforcent de saisir toute nue, et ils meurent. C'est ce qui est arrivé à Arius »[98].

L'avertissement avait déjà été formulé à deux reprises en une seule page[99]. Il permet à Luther de se livrer ensuite à une défense de l'anthropomorphisme qui repose elle-même sur une théologie de la Parole comme voile, enveloppe dont Dieu se recouvre pour apparaître aux hommes :

« Il est nécessaire, lorsque Dieu se révèle à nous, qu'il le fasse au travers d'un voile ou de quelque enveloppe en disant : Vois, c'est sous cette enveloppe que tu m'atteindras avec certitude. En nous saisissant de cette enveloppe, en y adorant, en y priant, en y sacrifiant, nous pouvons dire à bon droit que nous avons prié Dieu, que nous lui avons fait sacrifice »[100].

On notera la transformation que Luther fait subir à II. Cor. 3, 14 : ce

97. Nous résumons *WA* 42, 8, 16 - 11, 10.

98. *WA* 42, 11, 28-30 : « Qui autem extra ista involucra Deum attingere volunt, isti sine scalis (hoc est verbo) nituntur ad coelum ascendere, ruunt igitur oppressi maiestate, quam nudam conantur amplecti, et pereunt. Sicut Ario accidit. »

99. Cf. *WA* 42, 11, 11-12 (n.s.) : « In has absurdas opiniones delabuntur animi, cum *sine verbo* de tantis rebus volunt cogitare », et surtout l. 19-21 : « Ergo fanaticum est, *sine verbo* et involucro de Deo et divina natura disputare, sicut solent omnes Haeretici ; ea securitate de Deo cogitant, qua de porco aut vacca disputant. »

100. *WA* 42, 12, 21-25 : « Necesse enim est, ut Deus, cum se nobis revelat, id faciat per velamen et involucrum quoddam et dicat : Ecce sub hoc involucro me certo apprehendes. Id involucrum cum amplectimur, cum ibi adoramus, invocamus, sacrificamus, Deum invocasse, Deo sacrificasse recte dicimur. » Pour la réhabilitation de l'anthropomorphisme, d'où ce passage est extrait, cf. *WA* 42, 12, 8 - 13, 10.

n'est désormais plus seulement l'Ancien Testament qui est recouvert d'un voile (*kalumna*) aussi longtemps qu'il est lu par des non-convertis, c'est toute la Parole qui se fait voile. Eu égard au verset paulinien, il est également remarquable que cette compréhension cryptique de la Parole s'accommode d'un refus de l'allégorie. Cela permet de voir que l'essentiel, pour Luther, se trouve ailleurs : la spéculation *sine verbo* devient chez lui le paradigme de toute hérésie, *sicut solent omnes Haeretici.* La critique des philosophes change de ce fait de dimension, ou plutôt elle trouve sa véritable échelle dans une théologie de la Parole comprise comme œuvre de Dieu, unique voie de la révélation : *opera verbi,* dit Luther plus loin à propos du mouvement du ciel et des planètes, avant de justifier que « nous autres chrétiens devions considérer les causes de tout ceci autrement que les philosophes »[101].

Au vu de tels passages, on s'étonnera de l'insistance que met l'interprétation la plus récente à diminuer le rôle de la théologie de la Parole dans le Commentaire à la Genèse. L'idée selon laquelle « la doctrine de Dieu n'apparaît pas sur fond d'une théologie générale de la Parole de Dieu »[102] est contredite par le principe luthérien qui veut que « Dieu ne se manifeste que dans ses œuvres et sa Parole, car ce sont là choses saisissables d'un manière ou d'une autre »[103]. Il semble en fait que la théologie de la Parole pâtisse d'un rapprochement avec une anthropologie théologique qu'Asendorf semble prioritairement chercher à réfuter, dans son souci de trouver en Luther une alternative à la « subjectivité moderne »[104]. Or rien n'atteste la

101. Cf. *WA* 42, 23, 17-23, avec l'aveu final d'ignorance et d'attachement à la lettre : « Omnia talia opera sunt opera verbo, quod hic celebrat Mose : 'Ipse dixit' etc. | Ergo de causis istarum rerum nos Christiani aliter sentire debemus quam Philosophi, et si quaedam sunt supra captum nostrum (sicut ista hic de aquis supra coelos) ea potius sunt cum nostrae ignorantiae confessione credenda, quam aut impie neganda, aut arroganter pro nostro captu interpretanda. »

102. Cf. U. Asendorf, *Lectura in Biblia*..., p. 314, et plus fermement encore p. 312 : « Hier beweist sich wieder Luthers theologischer Ansatz, wonach allem anderen voran Gott das Thema der Theologie ist. Deshalb impliziert die Gotteslehre die Theologie des Wortes Gottes und nicht, wie heute durchgehend üblich, das Wort Gottes die Gotteslehre. »

103. *WA* 42, 9, 32-33. Suivent, l. 34-36, les premières occurrences de *involucrum/involutus* dans le texte.

104. Cf. U. Asendorf, *Lectura in Biblia*..., p. 314, avec l'allusion corrélative à la « crise de la modernité ». En montrant que chez Luther « le thème anthropologique apparaît nécessairement dans un horizon *cosmologique* », l'auteur entend rompre avec une « théologie existentialo-philosophique » dont Schleiermacher et Karl Barth seraient les représentants et... Descartes l'ancêtre (p. 311). Les attendus théologiques de l'auteur sont rassemblés dans son

nécessité de ce rapprochement dans le cas présent[105], et l'accent mis sur la structure trinitaire de la théologie de Luther ne change rien à l'affaire[106]. La doctrine trinitaire du Réformateur est au contraire d'autant plus développée au chapitre 1 du Commentaire qu'elle trouve son point de départ dans le *Dixitque Deus* du v. 3, et qu'elle se développe en une réflexion sur le *verbum prolatum* et sur le Dieu *Dictor :* c'est la distinction entre la Parole et celui qui la prononce qui permet à Luther d'établir, à son tour, la distinction des Personnes et leur unité essentielle[107].

S'il est vrai que le mot d'ordre *Sola Scriptura* n'a strictement rien d'original — et cela explique sans doute les efforts de beaucoup de théologiens, y compris luthériens, pour trouver autre chose —, lui seul restitue dans son intégralité le propos de Luther au chapitre 1 du Commentaire. Lui seul confère à la controverse arienne, telle qu'elle est traitée dans le texte, une actualité qu'elle n'aurait pas sinon : Luther lui-même reconnaît que l'interprétation trinitaire du début de la Genèse fait l'objet d'un « accord considérable dans l'Église », et de nombreux textes attestent qu'il ne s'agit pas seulement ici de l'Église luthérienne[108]. L'interprétation trinitaire est en fait chez Luther entièrement homogène à sa théologie de la Parole. C'est encore cette dernière qui fait que se rejoignent dans la critique les philosophes, les juifs et les « moines », tous accusés d' « abandonner la Parole »[109].

article « Martin Luthers Theologie gesamtbiblischer Erneuerung : eine Skizze über die Bedeutung seiner Genesis-Vorlesung (1535-1545) », dans *Kerygma und Dogma*, t. 43, 1997, p. 186-201.

105. Cf. *supra*, p. 23, sur l'absence presque totale, au chap. 1 du Commentaire, de la doctrine de la justification, dans laquelle Luther concentre la « doctrine de la grâce que l'Église d'Occident a réduite à sa dimension anthropologique » (U. Asendorf, *Lectura in Biblia...*, p. 313).

106. *Ibid.*, p. 312 : « Vielmehr steht seine [*Luthers*] Theologie immer schon im trinitarischen Rahmen und versucht daher nur auf ihre Weise, der göttlichen Schöpfungswirklichkeit nachzudenken. »

107. Cf. *WA* 42, 13, 34 - 14, 11, qui commence en citant Jn 1, 1. Le texte suit immédiatement la notice de vocabulaire sur *amar* et *dabar* (cf. *supra,* n. 80) et la première occurrence du nom divin *Dictor* (cf. *supra,* n. 84).

108. Cf. *WA* 42, 8, 23-24, à propos de Gen. 1, 2 (« Et l'esprit de Dieu planait au-dessus des eaux ») : « Et magnus Ecclesiae consensus est de mysterio Trinitatis hic prodito. » L'accord avec les catholiques sur la Trinité est formalisé dans les *Schmalkaldische Artikel* (1537), *WA* 50, 197, 1 - 198, 16.

109. Cf. *WA* 42, 11, 35-40, à ajouter aux occurrences de *sine verbo :* « Sic Monachus, quia verbum non sequitur [...]. Par omnium [*Iudaeorum*] lapsus est et ruina, in eo enim impingunt, quod relicto verbo singuli suas cogitationes sequuntur », ainsi que l'explication du péché originel qui suit en *WA* 42, 12, 30-31 : « Sic cum Heuam abduxit Satan a verbo, statim in peccatum prolapsa est. »

Encore faut-il considérer que le mot d'ordre luthérien a ses variantes — *Sola Scriptura* devient ici *solum verbum* — et surtout qu'il s'enrichit, dans le texte, d'autres innovations théologiques de Luther. La théologie de l'*involucrum*, de la Parole comme « voile » dissimulant la « majesté de Dieu », constitue ici le développement d'une distinction posée en 1525 dans le grand traité anti-érasmien *De servo arbitrio* entre *Deus absconditus* et *Deus revelatus*. Luther y limitait les compétences de l'exégèse au « Dieu ou à la volonté divine qui nous est prêchée, révélée, offerte, celle qui est célébrée », mais affirmait nécessaire de supposer encore un Dieu caché aux décrets impénétrables, en particulier ceux de la prédestination[110]. Le Commentaire à la Genèse multiplie les échos à ce texte, à commencer par la réflexion sur la *maiestas* et l' « essence nue de Dieu »[111].

Plus précisément, la position de Luther en 1535 résulte de la synthèse du *De servo arbitrio* et d'un héritage plus ancien. Luther place clairement la distinction entre Dieu révélé et Dieu caché dans la lignée de la distinction médiévale entre *potentia absoluta* et *potentia ordinata Dei*. Il est très significatif que le rappel de celle-ci se fasse contre les philosophes :

> « … la théologie ajoute aux [*autres*] disciplines la règle suivante, qui n'est pas assez connue des philosophes : à savoir que, lors même que Dieu a ordonné et créé tous ces phénomènes par sa Parole, il n'est pas pour autant lié à ces règles au point de ne pouvoir les modifier au gré de sa volonté »[112].

Que ce texte fasse clairement usage de la distinction théologique des nominalistes, c'est ce que montre le rapprochement avec un autre passage du Commentaire qui y renvoie explicitement : dans un long *excursus* sur la

110. Le texte principal du *De servo arbitrio* sur le sujet se trouve en *WA* 18, 685, 1 - 686, 13 : « … Respondemus, ut iam diximus : Aliter de Deo vel voluntate Dei nobis praedicata, revelata, oblata, culta, Et aliter de Deo non praedicato, non oblato, non culto disputandum est. Quatenus igitur Deus sese abscondit et ignorari a nobis vult, nihil ad nos… ». D'une abondante littérature, on extraira l'article de J. Matsuura, « Zur Unterscheidung von Deus revelatus und Deus absconditus in "De servo arbitrio" », dans *Lutheriana, zum 500. Geburtstag Martin Luthers, von den Mitarbeitern der Weimarer Ausgabe*, éd. G. Hammer et K.-H. zur Mühlen, Cologne-Vienne, Böhlau, 1984, p. 67-85.

111. Sur la *maiestas dei*, cf. *supra*, n. 98 : le texte du *De servo arbitrio* parle aussi du « Deus absconditus in maiestate » (*WA* 18, 685, 12). Sur la *nuda divinitas, seu nuda essentia divinitas*, cf. *WA* 42, 10, 3-4.

112. *WA* 42, 21, 26-29 : « Quare Theologia his artibus hanc addit Regulam, Philosophis non satis notam : Quod, etsi Deus ista omnia verbo suo ordinarit et creaverit, tamen non ideo alligatus sit ad istas Regulas, quin eas pro sua voluntate mutare possit. »

« vraie vie spéculative », qui consiste à « écouter et croire la Parole vocale *(verbum vocale)* », Luther appelle à « embrasser la puissance ordonnée, c'est-à-dire le Fils incarné », au nom de la « règle » selon laquelle « Dieu ne veut plus agir selon sa puissance extraordinaire, ou, comme disent les sophistes, absolue »[113]. Il y aurait beaucoup à dire sur la manière dont Luther se réapproprie sa formation de théologien nominaliste (Occam est du reste cité au chapitre 1) sans cesser d'insulter les « sophistes »[114]. L'essentiel, dans la première formulation de la « règle », est de noter encore une fois son orientation herméneutique, dans la mesure où la *potentia ordinata* s'y confond entièrement avec la Parole de Dieu.

Il importe de reconstituer le contexte dans lequel cette « règle » est édictée. L'exégèse du v. 6 (création du firmament) est constituée, pour l'essentiel, d'une longue *quaestio* de physique sur la nature des eaux et du ciel séparés par la Parole. Luther y est amené à refaire la liste des quatre éléments et de leurs positions relatives, avant de résumer la théorie aristotélicienne du ciel. Ce premier rappel se conclut par une appréciation assez positive de la « division des philosophes » :

> « Bien que ces choses-là ne soient pas sûres, cependant, dans la mesure où elles contiennent les principes des arts les plus élevés, tirés des raisons les plus vraisemblables et nécessaires à l'enseignement, il serait barbare de les négliger ou de les mépriser, d'autant qu'elles s'accordent d'une certaine façon avec l'expérience [...]. Ce sont de tels principes, pour les appeler ainsi, connus par l'expérience, qui les ont poussés à placer le feu au lieu le plus élevé, puis l'air, troisièmement l'eau et, au lieu le plus bas, la terre, qui l'emporte en pesanteur »[115].

113. Cf. *WA* 43, 71, 7-9 : « Manet igitur regula, de qua supra etiam dixi, quod Deus non amplius vult agere secundum extraordinariam, seu, ut Sophistae loquuntur, absolutam potestatem : sed per creaturas suas, quas non vult esse otiosas », et le corrélat, *WA* 43, 73, 3-4 : « Ordinatam potentiam, hoc est, filium incarnatum amplectemur, 'in quo reconditi sunt omnes thesauri divinitatis' [*Col. 2, 3*]. » Sur la théologie occamiste, nous renvoyons à la récente synthèse de J. Biard, *Guillaume d'Occam et la théologie,* Paris, Cerf, 1999.

114. Pour la mention d'Occam, cf. *WA* 42, 43, 12-17, sur Gen. 1, 26 (« Faisons l'homme à notre image ») et l'interprétation trinitaire du « Faisons » comme renvoi au Fils, dans une nouvelle polémique contre l'exégèse juive : « Molestat enim eos [*Iudaeos*] hic locus usque ad mortem, ut utar verbo Occae, qui ita appellat molestas et taediosas rationes, quas non potest solvere. »

115. *WA* 42, 21, 15-22 : « Haec etsi non certa sunt, tamen, quia principia pulcherrimarum artium ex verisimilibus rationibus collecta continent, ad docendum utilia, barbarum est, si quis ea negligere aut aspernari velit, praesertim cum aliquo modo cum experientia conveniant. Nam verum esse experimur, quod ignis natura sursum fertur, sicut fulmina ac reliqua superiora meteora ignita apparent. His quasi principiis experientia notis moti sunt,

Comment cet éloge mesuré des arts libéraux peut-il s'accorder avec la critique des philosophes oublieux de la Parole ? La réponse se trouve dans la « règle » donnée à la suite : la Parole de Dieu donne un fondement aux explications des philosophes en les rendant vraisemblables, mais ces derniers ignorent que leurs explications sont à tout moment révocables par la volonté divine. La philosophie se voit alors conférer un statut particulier : elle est le seul moyen de *transmettre* une connaissance. Ce principe sert d'abord à résoudre la question astronomique du nombre des sphères :

> « Les mathématiciens ont assigné un nombre fixe aux sphères : non qu'il en soit nécessairement ainsi, mais parce qu'il est impossible de transmettre quelque connaissance que ce soit sur le sujet ne peut être transmise si l'on ne distingue pas les sphères en fonction de leurs différents mouvements, lesquels pour être transmis requièrent un effort d'imagination de ce genre, si je puis dire. C'est ce que disent ceux qui pratiquent les arts : nous donnons des exemples, non pas parce qu'il en est ainsi, mais parce qu'autrement on ne peut pas enseigner. Il serait donc d'une stupidité insigne d'en rire, comme le font certains, sous prétexte que ce ne sont pas là choses tellement certaines qu'il ne puisse en aller autrement. Mais cela aide à la transmission des arts, et cela suffit. »

Et d'ajouter : « Voilà donc, en gros, ce que transmettent les philosophes, auxquels se joignent les théologiens récents », avant de revenir à la division des sphères[116]. L'exégèse de Gen. 1, 6 présente l'état le plus achevé de ce qu'on pourrait appeler la réflexion artienne de Luther : celle-ci repose sur l'idée que la transmission de la connaissance a ses exigences propres, qui ne permettent pas de résoudre la question de son adéquation à la réalité, mais qui justifient la réflexion scientifique. Communiquer un savoir impose

ut ignem supremo in loco collocarent. Deinde aërem, tertio aquam, et in infimo loco terram, gravitate praevalentem. » La mention des arguments probables *(ex verisimilibus rationibus)* rapproche encore Luther de la théologie de la *via moderna*. Sur ce point, cf. aussi le texte cité *supra* n. 73, sur la saison de la Création *(maxime verisimile est...)*. Autre marque de l'héritage nominaliste, l'exemple classique qui illustre la « règle » des théologiens : Dieu pourrait, si telle était sa volonté, placer et conserver le feu au fond de la mer (cf. *WA* 42, 21, 31-35).

116. *WA* 42, 21, 36 - 22, 1 : « Sic sphaerarum numerus certus a Mathematicis annotatus est, non quod ita esse necesse sit, sed quod harum rerum aliqualis noticia tradi non potest, nisi sic distinguantur spherae propter diversos motus, ad quos tradendos tali, ut dicam, imaginatione opus est. Sic enim artifices dicunt : Exempla damus, non quod ita sint, sed quod aliter ista doceri non possunt. Stulticia igitur insignis esset, haec ridere, sicut quidam faciunt, quod non ita certa sint, quin aliter esse non possint. Nam faciunt ad tradendas artes, quod satis est. | Haec tradunt in genere fere Philosophi, ad quod Theologi recentiores accedunt... »

même de sortir de la référence ontologique, et cette sortie libère un espace pour la philosophie. Cela ne signifie pas que toute hypothèse de physique soit acceptable : ainsi Luther rejette-t-il les réflexions d'Averroès sur l'intelligence des sphères, au motif qu'elles attestent « la plus totale ignorance à l'égard de Dieu ». Le principe général est réaffirmé à la suite :

> « Quant au reste de ce que j'ai mentionné, nous l'approuvons, dans la mesure où il se prête à l'enseignement. Car, vaille que vaille, cette connaissance du mouvement des corps célestes est très digne de louange »[117].

Que la pratique des sciences possède son droit propre ne signifie pas, en outre, qu'elle soit dérivée de l'Écriture. Tout ce qui concerne la simplicité de la Genèse a pour but chez Luther de la différencier du discours des philosophes : la distinction des sphères n'est le fait ni de Moïse ni de la Bible en général, qui procèdent plus simplement, mais des savants, toujours *ad docendum*[118]. Quand, au milieu du chapitre, Luther reviendra une dernière fois sur la théorie des sphères, il n'oubliera ni de répéter ce qui fait sa différence avec le texte sacré, ni de reformuler son utilité : « Car cette explication par les sphères a été élaborée postérieurement, en vue de l'enseignement »[119] .

On touche ici au plus près de la partition des domaines — naturel et religieux — qui comme on l'a vu sert ordinairement d'explication ultime de la position luthérienne à l'égard de la philosophie[120]. Pourtant, on doutera que le Commentaire à la Genèse laisse suivre à la science un cours autonome, et encore moins déconfessionnalisé : la critique d'Averroès le montre assez. La Parole exerce bien une fonction de contrôle sur l'activité scientifique, même si elle ne se confond pas avec elle, même si elle ne peut en être considérée comme l'amorce. La solution du problème se trouve encore dans la théologie de la Parole, avec son point de départ herméneutique. Il faut à nouveau citer longuement :

117. Sur Averroès, cf. le paragraphe en *WA* 42, 22, 21-29, dont nous citons la fin : « Reliqua autem, quae recitavi, eo usque probamus, quod sunt apta ad docendum. Est enim omni laude dignissima ista qualisqualis cognitio motuum superiorum corporum. » Je remercie une nouvelle fois Marwan Rashed de m'avoir communiqué une source de ce texte dans le Grand Commentaire d'Averroès à *Met.*, Λ, 8, 1073 *b* 1-10 (cf. *Aristotelis Metaphysicorum libri XIIII cum* [...] *Averrois* [...] *commentariis...*, Venise, apud Junctas, 1552, f. 327 b).

118. Cf. *WA* 42, 22, 37-39, cité *supra*, n. 38.

119. *WA* 42, 32, 24-25 : « Nam illa spherarum ratio excogitata est a posterioribus ad docendum. »

120. Cf. *supra*, p. 23-24.

« Mais il faut ici répéter la règle que j'ai déjà proposée plusieurs fois plus haut, à savoir qu'il faut s'habituer au style du Saint-Esprit, de même que dans d'autres disciplines personne ne deviendra compétent avant d'avoir pris connaissance du genre de discours approprié. Ainsi les jurisconsultes ont-ils leurs termes propres, ignorés du médecin et des philosophes. A l'inverse, ceux-ci ont pour ainsi dire une langue qui leur est propre, et qui est ignorée des autres professions. Maintenant, il ne faut pas qu'un art en empêche un autre, mais chacun doit pour ainsi dire rester sur son propre chemin et se servir de ses termes.

Nous voyons de la sorte que l'Esprit saint a sa langue et son style, à savoir que c'est en parlant que Dieu a créé toutes choses, que tout a été fait par sa Parole et que toutes ses œuvres sont en quelque sorte des paroles de Dieu, créées par la Parole increéée. De même donc que le philosophe se sert de ses termes, de même l'Esprit saint se sert des siens. L'astronome parle de sphères, de rayons, d'épicycles, et il fait bien, encore que ce soit à l'intérieur de sa profession, dans le but d'enseigner aux autres plus commodément. En revanche, l'Esprit saint et l'Écriture sainte ignorent ces appellations, et tout ce qui se trouve au-dessus de nous, ils l'appellent le ciel. L'astronome ne doit pourtant pas leur en faire reproche, mais chacun doit parler avec ses termes »[121].

Les principaux problèmes soulevés par le chapitre convergent dans ce passage : le littéralisme et le respect du style du Saint-Esprit ; la pluralité des *artes ;* la création par la seule Parole — jusqu'au sens du mot « ciel », qui prend ici valeur d'exemple privilégié. Il n'est pas question ici d'une répartition des domaines de compétence entre théologie et philosophie, mais bien plutôt d'une pluralité des langues, chacune dotée de son droit propre dès lors qu'il est question, là aussi, d'enseignement et de transmission des connaissances. Que cette pluralité soit organisée par une théologie de la Parole divine, trois points viennent finalement l'établir. C'est d'abord la

121. *WA* 42, 35, 30 - 36, 6 : « Sed hic repetendum duxi praeceptum, quod supra aliquoties proposui, quod scilicet assuescendum etiam est ad phrasin Spiritus sancti, Sicut etiam in aliis artibus nemo feliciter versabitur nisi prius recte cognito genere sermonis. Sic Iureconsulti suos habent terminos ignotos medico et philosophis. Contra hi quoque habent suam quandam quasi linguam ignotam aliis professionibus. Iam non debet ars artem impedire, sed unaquaeque debet retinere suum quasi cursum et uti suis terminis. | Ad hunc modum igitur videmus Spiritum sanctum suam habere linguam et phrasin, nempe quod Deus dicendo creaverit omnia et per verbum operatus est, et omnia eius opera sunt verba quaedam Dei, per verbum increatum creata. Sicut igitur Philosophus suis terminis utitur, ita etiam Spiritus sanctus utitur suis. Quod igitur Astronomus sphaeras, auges, epiciclos appellat, recte facit, licet enim id in sua professione, ut commodius alios doceat. Econtra Spiritus sanctus et scriptura sacra illas appellationes nesciunt et totum hoc, quod supra nos est, vocant coelum. Nec debet id reprehendi ab Astronomo, sed uterque loquatur suis terminis. »

vertu créatrice de cette Parole, qu'aucune autre langue scientifique ne peut prétendre partager. En deuxième lieu, la distinction des deux puissances de Dieu, en posant que la volonté divine pourrait démentir la Parole telle qu'elle se donne à lire, introduit la variation dans toutes les autres langues, celle que décrivent les grammaires, celle des lois de la cité, celle de tous les arts : si aucune de ces langues ne dérive, telle quelle, de la Parole de Dieu, la modification toujours possible de celle-ci les concerne toutes[122]. Enfin, l'aspect sous lequel la Parole est décrite, l'acte du *verbum prolatum,* rejaillit sur les langues de la philosophie, que Luther — ce n'est pas la moindre originalité de son Commentaire — considère dans leur générativité propre, celle de la transmission des connaissances, à l'exclusion de toute attache ontologique.

La théologie de la Parole est chez Luther plus qu'une formule : elle rassemble tout le travail d'exégète du Réformateur dans le Commentaire à la Genèse. Un long détour herméneutique s'est révélé nécessaire pour comprendre ce qui apparaît sinon comme une alternance peu cohérente de propos laudateurs et critiques sur la philosophie, de rejets et d'emprunts à la réflexion scientifique. La position de Luther sur la philosophie n'a de sens que si on la considère comme la résultante d'un projet exégétique original, celui d'un commentaire non savant, anti-spéculatif, qui se réalise dans une critique de l'interprétation allégorique et dans une interprétation qu'on peut dire langagière de la Création, de la Trinité et des savoirs qui entendent en rendre compte. Qu'une théologie préside à cette herméneutique ne fait aucun doute : malgré les problèmes d'authenticité que pose le Commentaire, elle y apparaît particulièrement construite, à la fois dans sa formulation et dans le parcours du Réformateur, entre le *De servo arbitrio* et la grande dispute académique de 1539 sur Jn 1, 14, qui amplifiera la question de la diversité des langues, théologique et philosophique, en l'étendant à celle de la double vérité[123]. Il est très remarquable qu'en 1535 aussi bien

122. Cf. *WA* 42, 21, 29-32, à la suite de la « règle » des théologiens : « Videmus enim neque grammaticam nec alias artes sic regulatas esse, quin habea<**n**>t suas exceptiones, sic leges rerumpublic<**a**>rum temperat *epieikeia.* Quanto magis hoc in divinis actionibus fieri potest... »

123. Cf. *Die Disputation de sententia : Verbum caro factum est (Joh. 1, 14)* [1539], *WA* 39/II, 1-33. Sur ce texte, nous renvoyons à la thèse de Stefan Streiff, *Novis linguis loqui,* Göttingen, Vandenhoeck & Ruprecht, 1993, qu'il faudrait compléter par une comparaison entre la dispute de 1539 et le début du Commentaire à la Genèse, antérieur de quatre ans seulement.

qu'en 1539, la discussion avec les philosophes ait servi d'amorce à cette théologie de la Parole reformulée et récapitulée. Symétriquement, l'un des effets les plus remarquables de celle-ci est d'avoir permis une refondation théologique de la philosophie, certes toujours critiquée pour son ignorance de la Parole divine, mais intégrée en même temps, sans qu'elle ait son mot à dire, dans une pluralité des langues du savoir dont la Parole fournit la raison ultime. De ce point de vue, le Commentaire de 1535-1545 marque bien une évolution par rapport au mot d'ordre de 1523-1524, mais ne le dément pas : si la violence n'est plus de mise, la théologie de la Parole entreprend à sa manière, encore, de faire taire les philosophes.

Philippe BÜTTGEN,
Centre national de la recherche scientifique.

MACHIAVEL ET LE RÉCIT DE LA FONDATION DE ROME

par

MARIE-DOMINIQUE COUZINET

Le thème soumis à notre réflexion par Dominique de Courcelles et les objets particuliers sur lesquels elle nous a proposé de centrer notre attention m'ont conduite à aborder la question de l'« appropriation » ou de la « réappropriation des savoirs et des pouvoirs », chez Machiavel, à partir d'un exemple précis : celui du récit de la fondation de Rome, tel qu'il apparaît dans *Le Prince* et surtout dans les *Discours sur la première décade de Tite-Live.* Le récit de la fondation de Rome apparaît en effet surtout dans les *Discours.* Il met en jeu la question plus large du rapport de Machiavel à l'Antiquité en général et à l'histoire romaine en particulier[1] et en partage les aspects problématiques, tout en présentant pour sa part des problèmes spécifiques que je tenterai d'énoncer brièvement pour commencer.

I

Dans l'avant-propos au livre I des *Discours*, Machiavel définit son entreprise comme consistant à « trouver de nouvelles manières [d'agir] et de nouvelles institutions » (*trovare modi e ordini nuovi*). Cette déclaration pose d'emblée deux problèmes. Le premier vient de ce que Machiavel compare la difficulté de son entreprise à celle de « chercher des mers et des terres inconnues » (*cercare acque e terre incognite*)[2]. On est donc dans une problématique

1. Sur cette question, voir le recueil de textes de Gennaro Sasso intitulé *Machiavelli e gli antichi e altri saggi*, Milan-Naples, Ricciardi, 1987, 3 vol. Sur le problème de la fondation, voir *Fonder une cité : ce que disent les langues anciennes et les textes grecs ou latins sur la fondation des cités*, éd. François Létoublon, Grenoble, Université des langues et lettres de Grenoble, 1987.

2. Niccolò Machiavelli, *Discorsi*, Proemio I, dans id., *Il Principe e altre opere politiche*,

Fonder les savoirs, fonder les pouvoirs, XVe-XVIIe siècle : actes de la journée d'étude... (Paris, 8 avril 1999), éd. Dominique de Courcelles, Paris, 2000 (*Études et rencontres de l'École des chartes*, 6).

de la recherche, et non dans une problématique du fondement. On pourrait en dire autant du *Prince*, où les nouvelles institutions (*ordini*) civiles et surtout militaires prônées par Machiavel[3] ont pour objet la conquête et la conservation du pouvoir d'un seul, le prince, loin de l'interrogation sur les fondements d'un État politique d'ailleurs encore en cours de constitution conceptuelle.

Or, on le sait, il y a des limites à la notion de découverte en géographie. La découverte du « Nouveau Monde » n'a été que rarement pensée comme telle ; elle fut d'abord comprise comme la simple confirmation de l'existence de l' « autre monde », le monde austral, siège des Antipodes[4]. La recherche machiavélienne en politique obéit à la même logique de la découverte qui consiste à ramener l'inconnu au connu. D'où le second problème : l'imitation de l'Antiquité et en particulier de l'histoire romaine que Machiavel propose comme instrument de cette découverte rend problématique la notion même de nouveauté.

La référence à l'histoire repose sur l'idée selon laquelle tout ce qui se trouve sur la terre et sous le ciel — et donc aussi les hommes — est soumis à des processus constants, ce qui autorise à faire de l'histoire — l'histoire des actions humaines en l'occurrence — l'objet d'une imitation :

> « Cette imitation leur paraît [*aux hommes*] non seulement difficile, mais même impossible ; comme si le ciel, le soleil, les éléments et les hommes eussent changé d'ordre, de mouvement et de puissance, et fussent différents de ce qu'ils étaient dans les temps anciens »[5].

Les vicissitudes des régimes politiques s'inscrivent dans le cycle universel, le privilège de Rome venant de la constitution progressive d'un régime mixte qui équilibre les oppositions entre les différentes forces de la société,

Milan, Garzanti, 1994, p. 103. Toutes les traductions sont de nous, sauf pour le *Prince*, trad. Yves Lévy (Paris, Garnier-Flammarion, 1992) modifiée.

3. *Le Prince*, chap. XII, XIV, XXVI.

4. Sur cette question, voir W. L. G. Randles, « Le Nouveau Monde, l'Autre Monde et la pluralité des mondes », dans *Congreso internacional de historia dos descobrimentos : actas*, t. IV, Lisbonne, 1961, p. 347-382 ; Jean-Marc Besse, *Les Grandeurs de la terre : essai sur les transformations du savoir géographique au seizième siècle*, thèse de doctorat, université Paris-I, 1999, dactylogr., vol. I, t. I, chap. II, en particulier « La nouveauté du nouveau monde », p. 86-94.

5. « ... come se il cielo, il sole, li elementi, li uomini, fussino variati di moto, di ordine e di potenza da quello che gli erono antiquamente. » N. Machiavelli, *Discorsi*, Proemio I, p. 104.

selon un modèle que Machiavel trouve chez Polybe. Ce processus représente pour lui la « perfection » d'un État stable parce qu'intégrant les forces antagonistes qui concourent à sa survie et à son expansion[6]. Par ailleurs, l'histoire de Rome semble constituer pour Machiavel un véritable laboratoire de tout ce qui est possible en politique[7].

On se trouve alors confronté à un problème plus spécifique au récit de la fondation de Rome : celui du statut de l'originaire, dans une vision de l'histoire constituée par le cycle et par la constance des processus : — 1° Si le modèle romain est celui d'un processus rationnel considéré dans la totalité de son développement, que devient la question de la première phase du processus ? Machiavel s'interroge-t-il sur le commencement ? Faute de poser la question philosophique du fondement, pose-t-il la question historique de la fondation ? — 2° Si l'histoire de Rome est exemplaire parce que pouvant être imitée, en vertu de la constance qui caractérise les êtres et les choses soumis au temps et aux astres, la fondation de Rome peut-elle, elle aussi, acquérir le statut d'exemple, autrement dit, se répéter ? Car en se répétant, elle contredit son concept : qu'est-ce qu'une fondation que l'on peut reproduire ? On tentera de montrer comment, dans son traitement du récit de la fondation de Rome, Machiavel apporte des réponses à ces différentes questions, en se limitant à une étude du *Prince* et des *Discours.*

Ces deux textes ont été rédigés par Machiavel pendant son exil, en 1513 (dans sa totalité pour le *Prince,* en partie seulement pour les *Discours*), à la suite de la chute de la république de Florence, au gouvernement de laquelle il avait participé comme secrétaire de la seconde chancellerie. Dans *Le Prince,* Machiavel prétend faire bénéficier le nouveau prince de Florence,

6. Voir id., *Discorsi,* I, II-VI. Sur le modèle polybien, voir G. Sasso, « Machiavelli e la teoria dell'*anacyclosis* » et « Machiavelli e Polibio : costituzione, potenza, conquista », dans id., *Machiavelli e gli antichi...*, t. I, p. 3-65 ; 67-118.

7. On retrouvera cette idée chez Montaigne : « Les astres ont fatalement destiné l'état de Rome pour exemplaire de ce qu'ils peuvent en ce genre. Il comprend en soi toutes les formes et aventures qui touchent un état : tout ce que l'ordre y peut et le trouble, et l'heur et le malheur. Qui se doit désespérer de sa condition, voyant les secousses et mouvements dequoi celui-là fut agité et qu'il supporta ? » Michel de Montaigne, *Essais,* III, IX, éd. Villey-Saulnier, rééd. Paris, PUF, 1988, t. III, p. 960. Peut-on pour autant aller jusqu'à dire que « de même que cette histoire assume, justement, le rôle de critère absolu, de même ses phases, et les événements qui la constituent, se disposent selon un développement rationnel nécessaire : elles deviennent, ou tendent à devenir, les moments du déploiement rationnel de la réalité » ? C'est ainsi que G. Sasso décrit « la signification 'idéale' et constructive qu'a l'histoire de Rome dans la pensée de Machiavel », dans id., *Niccolò Machiavelli,* t. I : *Il Pensiero politico,* Bologne, Il Mulino, 1980 ; éd. de 1993, p. 619.

Laurent de Médicis le jeune, sous une forme concentrée — en vingt-six courts chapitres —, de :

« tout ce qu'[*il a*] mis tant d'années, au prix de tant de fatigues et de périls, à connaître et comprendre : la connaissance des actions des grands hommes, que [*lui*] ont enseigné une longue expérience des choses modernes et une lecture continuelle des anciennes »[8].

Un double savoir, livresque et pratique, est donc mis par Machiavel au service du prince nouveau.

Dans les *Discours*, qui se présentent (de façon problématique) comme un commentaire en trois livres de la première décade de l'*Histoire romaine* de Tite-Live, Machiavel définit son savoir comme « tout ce que je sais et tout ce que j'ai appris par une longue pratique et une lecture continuelle des choses du monde »[9]. On retrouve donc, dans une perspective élargie, les mêmes formes de savoir que dans *Le Prince* : savoir livresque et pratique. Mais ici, « l'accent est mis sur l'origine, l'organisation et la décadence d'un État dont la forme privilégiée semble être la forme républicaine »[10]. Machiavel ne dédie plus les *Discours* « à des princes, mais à des hommes qui, par leurs qualités, mériteraient de l'être [...], ceux qui savent, et non ceux qui, sans savoir, peuvent régner »[11] ; ceux qui, plus tard, comploteront contre les Médicis. Dans les deux cas, Machiavel se réapproprie un savoir historique et pratique au service d'une réflexion théorique sur le pouvoir politique.

Dans le cadre de ce travail, je m'en tiendrai donc à un point particulier de la référence à l'histoire de Rome, celui du récit de sa fondation. Le corpus de textes sur lequel je travaillerai sera restreint ; il réduit la fondation au fondateur, Romulus. Gennaro Sasso en fait l'inventaire dans une étude qu'il a consacrée à « Machiavel et Romulus », dans son recueil *Machiavelli e gli antichi*. Ces références, peu nombreuses, sont toujours, dit Sasso[12], situées à

8. « La cognitione delle azioni delli uomini grandi, imparata da me con una lunga esperienza delle cose moderne e una continua lezione delle antiche. » N. Machiavelli, *Il Principe*, éd. Giorgio Inglese, Turin, Einaudi, 1995, p. 4.

9. « ... quanto io so e quanto io ho imparato per una lunga pratica e continua lezione delle cose del mondo. » N. Machiavelli, *Discorsi*, épître dédicatoire, p. 101.

10. Delio Cantimori, introduction aux *Discorsi*, dans N. Machiavelli, *Il Principe e altre opere politiche*, Milan, Garzanti, 1981, p. VIII.

11. « ... non quelli che sono principi, ma quelli che per le infinite buone parti loro meriterebbono di essere [...] ; e così quelli che sanno, non quelli che, sanza sapere, possono governare un regno. » N. Machiavelli, *Discorsi*, épître dédicatoire, p. 102.

12. G. Sasso, « Machiavelli e Romolo », dans id., *Machiavelli e gli antichi...*, t. I, p. 119-166, à la p. 119.

des « points névralgiques de la construction théorique » de Machiavel. Romulus n'est cité qu'une seule fois dans *Le Prince* (au chapitre VI, consacré aux « principats nouveaux acquis par les armes propres et la vertu »), et une dizaine de fois dans les *Discours* : livre I, chapitres I, II, IX surtout, mais aussi X, XVIII, XIX et XXVI ; livre II, chapitre XL, et livre III, chapitre I. Il apparaîtra dans la suite pourquoi la question de la fondation de Rome coïncide avec les références à Romulus et non à Énée, aussi mentionné par Tite-Live.

II

La question des commencements de Rome est assez centrale dans les *Discours* pour faire l'objet du premier chapitre, intitulé par Machiavel : « Quels ont été généralement les commencements des cités et quel fut celui de Rome »[13]. Son importance vient de ce que, de l'aveu même de Machiavel, le commencement de Rome est à l'origine de sa supériorité sur les autres cités antiques. Il formule ce privilège de la façon suivante :

> « Ceux qui liront quel fut le commencement de la cité de Rome, comment il fut ordonné et par quels législateurs, ne s'étonneront pas que tant de valeur (*virtù*) se soit maintenue dans cette cité pendant plusieurs siècles, et qu'en soit née la puissance à laquelle parvint cette république »[14].

Il y a donc un caractère séminal du commencement de Rome, qui lui a fait conserver *virtù* et puissance, et par lequel cette cité se distingue des autres.

Machiavel précise l'objet de cette supériorité en relisant « l'édification de Rome » *(la edificazione di Roma)* à travers des catégories qu'il a préalablement appliquées aux autres cités : « Toutes les cités sont édifiées ou par des hommes natifs du lieu où elles sont édifiées, ou par des étrangers »[15]. Or Rome échappe à cette catégorisation, dans la mesure où elle correspond aux deux cas, selon que l'on considère Énée, donc un étranger, comme son premier fondateur, ou selon que l'on considère que c'est Romulus, natif du

13. « Quali siano stati universalmente i principii di qualunque città e quale fusse quello di Roma. » N. Machiavelli, *Discorsi*, p. 105.

14. « Coloro che leggeranno quale principio fusse quello della città di Roma, e da quali latori di leggi e come ordinato, non si maraviglieranno che tanta *virtù* si sia per più secoli mantenuta in quella città ; e che dipoi ne sia nato quello imperio al quale quella republica aggiunse. » *Ibid.*

15. « ... tutte le città sono edificate o dagli uomini natii del luogo dove le si edificano o dai forestieri. » *Ibid.*

lieu. Au chapitre VI du *Prince,* Machiavel va jusqu'à faire de Romulus un Albain : « Il convenait que Romulus ne trouvât pas de place à Albe, qu'il eût été exposé à sa naissance, si l'on voulait qu'il devînt roi de Rome et fondateur de cette patrie »[16].

En fin de compte, la distinction entre fondateur autochtone et étranger est secondaire ; dans le chapitre I des *Discours,* Machiavel substitue à cette distinction géographique une distinction politique, valable dans le cas d'Énée comme dans celui de Romulus : « Et de quelque manière [*que cela se soit passé*], on verra qu'elle [*Rome*] eut un commencement libre, sans dépendre de personne »[17].

Cette liberté est la liberté de la cité, mais aussi celle du fondateur dont la *virtù* se manifeste « par le choix du site » *(nella elezione del sito)* et « par l'ordonnance des lois » *(nella ordinazione delle leggi).* A partir de là, Énée n'apparaît plus qu'une fois dans les *Discours*[18].

Au chapitre III du premier livre des *Discours,* Machiavel a formulé la thèse selon laquelle les hommes ne font le bien que par nécessité, alors qu'ils font le mal là où ils en ont la licence. Le mal est synonyme de « confusion » et de « désordre »[19]. Il apparaît ici que le mal a aussi une dimension historique, celle de la corruption. Dans la suite du texte, Machiavel place en effet Romulus à la tête d'une série de législateurs qui ont su mettre la nécessité des lois au-dessus de la nécessité du site[20], en installant Rome dans un environnement naturel favorable et dans ce sens libérateur, et en exerçant sur les

16. « Conveniva che Romolo non capessi in Alba, fussi stato esposto al nascere, a volere che diventassi re di Roma e fondatore di quella patria. » N. Machiavelli, *Il Principe,* éd. G. Inglese, p. 34. Pour la traduction de « capessi » par « trovasse posto », G. Inglese renvoie à l'emploi du mot par Boccace (voir sa note dans l'éd. citée, p. 34, n. [12]1).

17. « ... ed in qualunque modo la vedrà avere principio libero sanza dependere da alcuno. » N. Machiavelli, *Discorsi,* p. 108.

18. « Ma quando quegli che sono constretti abbandonare la loro patria non sono molti, non sono sì pericolosi come quelli popoli di chi si è ragionato ; perché non possono usare tanta violenza, ma conviene loro con arte occupare qualche luogo, e occupatolo mantenervisi per via d'amici e di confederati ; come si vede che fece Enea, Didone, i Massiliesi e simili, i quali tutti, per consentimento de' vicini, dov'e'posono poterono mantenervisi. » *Ibid.*, II, VIII, p. 267-268.

19. « ... gli uomini non operono mai nulla bene se non per necessità ; ma dove la elezione abonda, e che vi si può usare licenza, si riempie subito ogni cosa di confusione e di disordine. Però si dice che la fame e la povertà fa gli uomini industriosi, e le leggi gli fanno buoni. E dove una cosa per se medesima sanza la legge opera bene, non è necessaria la legge ; ma quando quella buona consuetudine manca è subito la legge necessaria. » *Ibid.*, I, III, p. 115.

20. G. Sasso, « Machiavelli e Romolo »..., p. 121.

citoyens une contrainte juridique capable de mettre en échec le processus de corruption à l'œuvre dans les États politiques comme dans tous les corps composés, autrement que par la contrainte géographique du site, qui a le défaut d'être aussi limitative du point de vue politique :

« Et l'on verra encore [...] à quelle nécessité les lois faites par Romulus, Numa et les autres la contraignirent, à tel point que la fertilité du site, la commodité de la mer, les victoires fréquentes, la grandeur de son empire, ne purent, pendant plusieurs siècles, la corrompre, et qu'elles la gardèrent pleine d'une *virtù* qui jamais n'orna aucune autre cité ou république »[21].

Cependant, la liberté de Rome en ses commencements — définie comme le fait de ne dépendre de personne —, ne lui est pas propre : elle partage ce caractère avec d'autres États politiques qui peuvent être aussi bien des républiques que des principats. Machiavel examine ceux-ci au chapitre II, et il distingue Rome de Sparte et d'Athènes en ce que son « ordonnance » n'est pas issue de l'esprit d'un législateur unique, mais du « hasard » et des « accidents » se succédant dans le temps, ce qui accrédite l'idée d'une ordonnance initiale défectueuse :

« Mais venons-en à Rome. Bien qu'elle n'ait pas eu un Lycurgue qui l'ordonnât au début de manière qu'elle pût vivre longtemps libre, néanmoins, les accidents qui naquirent en elle furent si nombreux, du fait de la désunion qui régnait entre la plèbe et le sénat, que ce que n'avait pas fait un législateur, le hasard le fit. Car, si le sort ne donna pas à Rome la première de ces fortunes [*à savoir le législateur originel*], il lui donna la seconde ; parce que si ses premières ordonnances furent défectueuses, néanmoins, elles ne dévièrent pas du droit chemin susceptible de les conduire à la perfection. Parce que Romulus et tous les autres rois firent beaucoup de bonnes lois, et conformes au vivre libre. Mais parce que leur but était de fonder une royauté et non une république, lorsque cette cité fut libre, il y manquait beaucoup de choses qu'il était nécessaire d'instaurer en faveur de la liberté et que celles-ci n'avaient pas instaurées »[22].

21. « Vedrà ancora [...] a quante necessitadi le leggi fatte da Romolo, Numa e gli altri la costringessero, talmente che la fertilità del sito, la commodità del mare, le spesse vittorie, la grandezza dello imperio, non la poterono per molti secoli corrompere, e la mantennero piena di tanta *virtù*, di quanta mai fusse alcun'altra città o republica ornata. » N. Machiavelli, *Discorsi*, p. 108.

22. « Ma vegnamo a Roma, la quale nonostante che non avesse un Licurgo che la ordinasse in modo nel principio che la potesse vivere a lungo tempo libera, nondimeno furo tanti

En fin de compte, si Rome réalise sa perfection selon un processus inscrit dans le temps, c'est parce que sa fondation a été défectueuse. La supériorité de Rome vient paradoxalement de l'imperfection même de son commencement, voué à ne s'accomplir qu'après coup, sous la forme d'un régime mixte réalisé par la création des tribuns du peuple, après le renversement des Tarquins. Dans le cas de Rome, le commencement n'est pas décisif ; il n'instaure pas deux temps différents : celui d'avant l'ordonnancement et celui d'après : le temps de l'institution issue de la raison d'un législateur unique. L'action législatrice de Romulus est incomplète, et de ce fait relativement inassignable, dans la mesure où il inaugure, en particulier avec Numa, une lignée de rois législateurs dont l'existence semble seule devoir conférer un sens, *a posteriori*, à son action.

Ce qui n'est pas attribuable à la *virtù* d'un seul l'est alors à la succession harmonieuse des gouvernants, amorcée par des institutions monarchiques contenant néanmoins les conditions d'établissement de la liberté républicaine. On peut ajouter que le résultat final (le gouvernement mixte), du fait de sa forme complexe et de sa moindre rationalité, est aussi peut-être plus adapté au monde de la corruption soumis au changement, auquel appartiennent les corps mixtes que sont les États politiques[23]. La république romaine, qui inclut toutes les parties de la société dans l'exercice du pouvoir, n'a pas besoin de désarmer le peuple. De ce fait, elle peut ou non varier, s'agrandir, changer ; bref, s'adapter aux variations des temps et de la fortune.

Mais dans la mesure où, contrairement à Lycurgue et à Solon, Romulus n'a pas tiré de son esprit une législation constituée et où il a agi pour la postérité, n'a-t-il pas été victime d'une sorte de ruse de l'histoire qui caractérise le processus romain au-dessus des « fins » des gouvernants (une « ruse de la raison » avant la lettre) ? Ceci semble particulièrement clair dans le passage précédemment cité, où Machiavel précise que la « fin » des premiers rois de Rome était « de fonder un royaume et non une république ». Il a

gli accidenti che in quella nacquero, per la disunione che era entra la Plebe e il Senato, che quello che non aveva fatto uno ordinatore lo fece il caso. Perché se Roma non sortì la prima fortuna, sortì la seconda : perché i primi ordini suoi se furono difettivi, nondimeno non deviarono dalla diritta via che li potesse condurre alla perfezione. Perché Romolo e tutti gli altri Re fecero molte e buone leggi, conformi ancora al vivere libero ; ma perché il fine loro fu fondare un regno e non una republica, quando quella città rimase libera vi mancavano molte cose che era necessario ordinare in favore della libertà, le quali non erano state da quelli re ordinate. » *Ibid.*, p. 113.

23. « E perché io parlo de' corpi misti, come sono le republiche e le sètte... » *Ibid.*, III, I, p. 341.

peut-être trouvé cette suggestion chez Tite-Live, là où, dans le premier livre de l'*Histoire romaine* (I, XVII), celui-ci décrit la succession de Romulus dans ces termes : « Personne ne mettait en question le régime monarchique. Car on n'avait pas encore goûté la douceur de la liberté »[24]. Ce qui apparaît comme une ruse de l'histoire n'est en fait que le regard rétrospectif et surplombant de l'historien.

Il semble donc clair que Machiavel pense la fondation de Rome, au moins sous certains aspects de sa dimension historique. Si la liberté de Rome en ses commencements n'est pas un caractère qui la distingue des autres cités, c'est dans sa réalisation qu'elle diffère : à la volonté du législateur s'est ajouté le hasard *(il caso),* qui inscrit la fondation de Rome dans un processus historique lent. La question est alors de savoir comment la fondation de Rome accède au statut de modèle et, en particulier, en quoi le personnage de Romulus constitue un exemple et de quel point de vue ; à quelles conditions la fondation de Rome peut devenir un instrument théorique de pédagogie politique.

III

Si Machiavel semble ne pas penser la fondation de Rome, c'est peut-être parce que tel n'est pas son véritable objet : son objet est la fondation de la république romaine — d'où sa négligence apparente pour les origines de Rome, dont il croit devoir s'excuser, au début du chapitre IX du premier livre des *Discours,* un des plus importants pour le thème traité :

> « Certains seront peut-être d'avis que je suis passé trop rapidement sur l'histoire romaine, pour n'avoir encore fait aucune mention de ceux qui ont institué cette république, ni des ordonnances qui ont trait à la religion et à l'armée »[25].

Mais l'omission de Machiavel semble avoir une autre raison : c'est que la fondation de Rome par Romulus met un double homicide à l'origine du *vivere civile* (c'est à dire du vivre-libre, sous ses propres lois) : le double homicide par Romulus de son frère Remus, puis celui du roi des Sabins, son

24. *Ibid.*, p. 59.
25. « Ei parrà forse ad alcuno che io sia troppo trascorso dentro nella istoria romana, non avendo fatto alcuna menzione ancora degli ordinatori di quella republica né di quelli ordini che alla religione o alla milizia riguardassero. » *Ibid.*, p. 131.

compagnon de règne. Machiavel justifie ce double homicide par sa finalité : il a été perpétré en vue du « bien commun » ; il est à l'origine d'un *vivere civile*. Un tel commencement entache l'origine de la liberté républicaine ; mais il est aussi, semble-t-il, la seule marque distinctive de Romulus par rapport à ses successeurs, celle par laquelle le fondateur se distingue de ceux qui le suivent.

C'est ce qui ressort de la comparaison à laquelle se livre Machiavel entre les premiers rois de Rome, au chapitre XIX du premier livre des *Discours*, intitulé : « Après un excellent prince, on peut maintenir un prince faible ; mais après un faible, on ne peut, avec un faible, maintenir aucune royauté ». Rome a eu la « très grande fortune » d'avoir pour premier législateur un prince doué de vertus militaires comme Romulus, même si Numa Pompilius, qui lui a succédé, est le véritable instaurateur de ses institutions religieuses. Car la force, nécessaire au commencement, rend Romulus irremplaçable. En cela, il ne semble pas être supérieur à Numa, mais il occupe une place que celui-ci ne pouvait pas occuper, parce qu'il a mis en place les conditions de possibilité de l'exercice du pouvoir par un Numa ; Romulus n'a de sens qu'à l'intérieur de la séquence qu'il inaugure et qu'il faut envisager au moins jusqu'au quatrième roi (Romulus, Numa Pompilius, Tullus Hostilius, Ancus Martius), selon une alternance guerre-paix-guerre-paix/guerre :

> « Je dis par ces exemples qu'après un excellent prince, on peut maintenir un prince faible, mais après un faible, on ne peut maintenir aucune royauté avec un autre faible, à moins qu'il soit comme le roi de France, tel que ses anciennes institutions le maintiennent. Sont faibles les princes qui ne sont pas sur le pied de guerre »[26].

Mais cela signifie-t-il qu'un prince « excellent » est un prince fort, à l'exclusion de toutes les autres qualités ? Et dans ce cas, y a-t-il encore une *virtù* spécifique du législateur-fondateur, et par conséquent un caractère particulier à celui qui inaugure une série de gouvernants, que l'on puisse distinguer de la vertu militaire en ce qu'elle n'exclut pas les scélératesses[27] ? La suite du chapitre XIX apporte des éléments de réponse :

26. « Dico pertanto con questi esempli che dopo uno eccellente principe si può mantenere uno principe debole, ma dopo un debole non si può con un altro debole mantenere alcun regno, se già e' non fusse come quello di Francia, che gli ordini suoi antichi lo mantenessero : e quelli principi sono deboli che non stanno in su la guerra. » *Ibid.*, p. 161. On remarque que Machiavel a reproduit une partie du passage pour former le titre du chapitre.

27. Sur ce point, voir *Le Prince*, chap. VIII et en particulier p. 57, où Machiavel refuse

« Que tous les princes qui possèdent un état en prennent exemple [*sur la succession des trois premiers rois de Rome*] : celui qui se rendra semblable à Numa le gardera ou non selon que les temps ou la fortune tourneront ou non en sa faveur ; mais celui qui se rendra semblable à Romulus et sera comme lui armé de prudence et d'armes, le tiendra de toutes façons, s'il ne lui est pas enlevé par une force obstinée et excessive »[28].

L'excellence de Romulus ne consiste pas seulement dans la force, mais dans la prudence qui lui fait instaurer « beaucoup de bonnes lois, et conformes au vivre libre », comme Machiavel l'écrivait au chapitre II. Mais Machiavel ajoute un élément de plus au chapitre I du livre II des *Discours.* A la question posée par le titre : « Quelle fut la raison majeure de l'empire qu'acquirent les Romains, la *virtù* ou la fortune ? » il répond, contre Plutarque et même contre Tite-Live :

« S'il ne s'est jamais trouvé aucune république qui ait fait les profits qu'a faits Rome, c'est qu'il ne s'est jamais trouvé de république qui ait été ordonnée pour pouvoir acquérir comme Rome. Parce que la *virtù* de ses armées lui a fait acquérir l'empire, et que sa façon de procéder et sa manière propre, trouvée par son premier législateur, lui a fait maintenir son acquis »[29].

En quoi consiste la « façon de procéder » de Romulus et sa « manière propre », c'est ce que peut indiquer un passage du chapitre IX, dans lequel Machiavel excuse le double meurtre commis par Romulus, du fait que ce dernier agissait pour le bien commun et non en vue de ses intérêts personnels[30] — par bien commun il entend ici l'institution du Sénat comme

d'attribuer à la *virtù* comme à la fortune des actions qui permettent de placer Agathocle au rang des « excellents capitaines », mais non des « hommes excellents ».

28. « Da questo piglino esempio tutti i principi che tengono stato : ché chi somiglierà a Numa lo terrà secondo che i tempi o la fortuna gli girerà sotto ; ma chi somiglierà Romolo, e fia come esso armato di prudenza e d'armi, lo terrà in ogni modo, se da una ostinata ed eccessiva forza non gli è tolto. » N. Machiavelli, *Discorsi,* I, XIX, p. 161.

29. « Perché se non si è trovata mai republica che abbi fatti i profitti che Roma, è nato che non si è trovato mai republica che sia stata ordinata a potere acquistare come Roma. Perché la *virtù* degli eserciti gli fecero acquistare lo imperio : e l'ordine del procedere ed il modo suo proprio e trovato dal suo primo latore delle leggi, gli fece mantenere lo acquistato ». N. Machiavelli, *Discorsi,* p. 245.

30. « E che Romolo fusse di quelli che nella morte del fratello e del compagno meritasse scusa, e che quello che fece fusse per il bene comune e non per ambizione propria, lo dimostra lo avere quello subito ordinato uno Senato con il quale si consigliasse e secondo la opinione del quale deliberasse. » *Ibid.,* I, IX, p. 133.

instance consultative. Enfin, on ajoutera un facteur extrinsèque : le fait qu'aux origines, le faible degré de corruption de la cité a permis à Romulus de faire un bon usage de son autorité, une fois perpétré le meurtre de son frère[31].

C'est dans le passage, central pour nous, où Machiavel fait état, même si c'est brièvement, du double crime de Romulus, qu'il pose le problème du statut théorique du récit de la fondation de Rome. Ce récit a un statut particulier, en décalage apparent avec ce que le titre du chapitre annonce. Le titre du chapitre IX est en effet le suivant : « Qu'il est nécessaire d'être seul pour réordonner une république, ou la réformer tout à fait en dehors de ses ordonnances antiques ». « Réordonner » ou « réformer » ne font pas référence à l'ordonnance initiale instaurée par le fondateur. Et pourtant, c'est là que Machiavel retrace brièvement la carrière de Romulus, en s'inspirant de Tite-Live et sans doute de Plutarque, qu'il reprend la critique formulée contre les crimes de Romulus par Augustin et Cicéron, et qu'il fait également référence à d'autres « fondateurs de royaumes ou de républiques » comme Moïse, Lycurgue et Solon.

Pour Machiavel, faire le récit de la fondation de Rome revient à énoncer les conditions de possibilité de la fondation ou de la refondation de tout État politique, par création *ex novo* ou par changement de régime, ces conditions se réduisant en réalité à une : être seul, autrement dit, être un prince, et en l'occurrence, un prince nouveau. Le récit de la fondation de Rome inscrit donc dans l'histoire une question qui est au centre de la réflexion de Machiavel dans *Le Prince* et dans plusieurs chapitres du premier livre des *Discours :* il s'agit de la question du prince nouveau et des techniques qu'il doit mettre en œuvre pour conquérir et pour conserver le pouvoir, ici envisagées dans le cas où le prince crée un *vivere civile.*

Là réside, semble-t-il, la raison véritable du lien inévitable, à Rome, entre la cruauté des commencements et le processus qui mène à la liberté : il faut être seul au départ ; seul pour fonder comme pour refonder un pouvoir. Or, la solitude suppose l'élimination des rivaux. C'est parce qu'il faut être seul pour instaurer un ordre politique que la liberté a le crime pour origine.

Mais si la fondation a valeur exemplaire, c'est qu'elle doit contenir quelque chose de bon. Si Romulus a valeur exemplaire tout en étant un criminel, c'est du fait du caractère rare et pour cette raison exceptionnel de

31. « Se [*Cleomene*] per essere solo ammazzò gli Efori, e se Romolo per le medesime cagioni ammazzò il fratello et Tito Tazio Sabino, e dipoi usarono bene quella loro autorità, nondimeno si debbe avvertire che l'uno e l'altro di costoro non avevano il suggeto di quella corruzione macchiato della quale in questo capitolo ragioniamo, e però poterono volere, e volendo, colorire il disegno loro. » *Ibid.*, I, XVIII, p. 159.

la rencontre en lui, dès l'origine, entre le crime et le souci du bien commun, ici défini, on l'a vu, comme l'institution de la liberté. Machiavel s'en explique au chapitre XVIII du premier livre des *Discours,* à propos des princes nouveaux. Nous devons faire l'hypothèse que la leçon vaut, en retour, pour Romulus :

« Et parce que réordonner une cité à la vie politique présuppose un homme bon, et que devenir par la violence prince d'une république présuppose un homme méchant, pour cette raison, il arrivera très rarement qu'un bon, par de mauvais moyens, encore que sa fin soit bonne, veuille devenir prince ; ou qu'un méchant, devenu prince, veuille bien agir, et qu'il lui vienne jamais à l'esprit de bien user d'une autorité qu'il aura mal acquise »[32].

On comprend alors que, dans le chapitre VI du *Prince,* Romulus soit compté par Machiavel au nombre des héros fondateurs, définis comme « les plus excellents hommes ».

Dès lors, il y a un double visage de Romulus : comme premier roi de Rome, fondateur de la monarchie, et comme emblème de toute réforme de l'État. D'où, selon la remarque de Gennaro Sasso, un portrait de Romulus plus proche du roi de France que de la brute que l'on trouve chez Tite-Live, créant le Sénat et le consultant, comme on l'a vu, et limitant son pouvoir au commandement de l'armée en guerre et à la convocation du sénat (chapitre IX)[33]. Dans ce sens, Romulus reste définitivement supérieur à Numa.

Quant à la fondation elle-même, elle doit pouvoir être répétée, au nom de la même idée selon laquelle « tous les commencements des religions *(sette),* des républiques et des royautés comportent quelque chose de bon »[34]. Machiavel fait la théorie de cette répétition au chapitre I du livre III des *Discours,* intitulé : « Si l'on veut qu'une religion *(setta)* ou qu'une république vive longtemps, il est nécessaire de la ramener souvent vers son principe ». Il pense cette *renovatio* sur le modèle de la réforme religieuse des ordres monastiques, avec la création des ordres mendiants[35]. Cette repro-

32. *Ibid.*

33. « E chi considerrà bene l'autorità che Romolo si riserbò, vedrà non se ne essere riserbata alcun'altra che comandare agli eserciti quando si era deliberata la guerra, e di ragunare il Senato. » *Ibid.*, p. 133 ; cf. G. Sasso, « Machiavelli e Romolo »..., p. 153.

34. N. Machiavelli, *Discorsi,* III, I, p. 341.

35. Sur ce point, voir Federico Chabod, *Scritti su Machiavelli,* Turin, Einaudi, rééd. 1993, p. 218-219 (cité par Sasso).

duction périodique suppose l'idée selon laquelle la durée amène la corruption de toutes choses. A Rome, elle a été opérée par l'avènement de Camille, que Tite-Live désignait déjà comme un « deuxième Romulus »[36].

Ces retours périodiques aux origines consistent à réveiller, chez les citoyens, la peur inaugurale et la violence des commencements :

« De l'une à l'autre de telles exécutions, il ne faut pas laisser passer plus de dix ans, car une fois ce temps passé, les hommes commencent à changer de coutumes et à transgresser les lois ; et si rien n'arrive pour ramener la peine à leur mémoire et renouveler la peur dans leurs esprits, les délinquants se multiplient au point qu'on ne peut plus les punir sans danger »[37].

Machiavel prend pour exemple la terreur que les Médicis semaient tous les cinq ans parmi les citoyens de Florence, celle-là même qu'ils avaient suscitée lors de leur prise de pouvoir.

En politique, le retour aux origines ne consiste pas, comme dans la religion, à retourner à la simplicité et à la pauvreté, mais à la peur et à la violence, voire au crime. Comme l'écrira plus tard Bodin au chapitre VI du premier livre de la *République :* « la raison et lumière naturelle nous conduit à cela, de croire que la force et la violence a donné source et origine aux Républiques »[38]. Chez Machiavel, les origines de Rome sont à cet égard les seules à pouvoir prétendre à un statut exemplaire.

Comme le remarque Leo Strauss, « traiter des nouveaux princes revient donc à traiter des origines ou fondations de tout État ou de tout ordre social ou encore de la nature de la société »[39]. On devrait alors pouvoir lire *Le Prince* comme un livre sur les origines de l'État. Mais la réappropriation par Machiavel de l'histoire romaine n'y rend plus justice au développement spécifique de l'histoire romaine, qui tendait à garantir le privilège du régime républicain. C'est que, comme Machiavel en fait le constat au chapitre XVIII du premier livre des *Discours,* dans un état d'extrême corruption, il est

36. Marcus Furius Camillus, dans Tite-Live, *Histoire romaine*, V, 49, 7-8.

37. « Perché dall'una all'altra di simili esecuzioni non vorrebbe passare il più dieci anni, perché passato questo tempo, gli uomini cominciano a variare con i costumi e trapassare le leggi : e se non nasce cosa per la quale si riduca loro a memoria la pena, e rinnuovisi negli animi loro la paura, concorrono tosto tanti delinquenti che non si possono più punire sanza pericolo. » N. Machiavelli, *Discorsi*, p. 343.

38. Jean Bodin, *Les Six livres de la république* (1593), Paris, Fayard, 1986, t. I, p. 112.

39. Leo Strauss, *Pensées sur Machiavel* (1958), trad. franç., Paris, Payot, 1982, p. 96.

presque impossible d'établir et de maintenir une république, si l'on ne la « réduit pas plus vers l'état royal que vers le populaire »[40] — du moins *Le Prince* contient-il l'exigence, notamment au chapitre IX consacré aux « principats civils », d'établir une forme dite « civile » de principat, dans laquelle le prince gouverne avec et pour le peuple.

Marie-Dominique COUZINET,
Université Paris-I Panthéon-Sorbonne.

40. « Da tutte le soprascritte cose nasce la difficoltà o impossibilità, che è nelle città corrotte, a mantenervi una republica o a crearvela di nuovo. E quando pure la vi si avesse a creare o a mantenere, sarebbe necessario ridurla più verso lo stato regio che verso lo stato popolare, accioché quegli uomini i quali dalle leggi per la loro insolenzia non possono essere corretti, fussero da una podestà quasi regia in qualche modo frenati. » N. Machiavelli, *Discorsi*, I, XVIII, p. 159.

CULTURE ET SAVOIRS DANS LA CONSTRUCTION D'UN MYTHE PRINCIER : LE CAS DE CÔME Ier DE MÉDICIS (1519-1574)

par

ALFREDO PERIFANO

En 1537, après de longues hésitations, Côme Ier est choisi par l'oligarchie florentine, François Guichardin en tête, pour devenir « chef du gouvernement de la république de Florence »[1]. Il n'a que dix-sept ans. En octroyant ce titre et en misant sur le jeune âge de Côme, l'oligarchie escomptait le contrôle effectif du pouvoir. De plus, appartenant à la branche de la famille de Médicis dite des *popolari*, qui s'était opposée à Laurent le Magnifique — jusqu'à renier son nom de famille pour s'en distinguer —, Côme incarnait en quelque sorte l'ancien esprit républicain, en opposition à son prédécesseur, le gendre de Charles Quint Alexandre de Médicis, descendant en droite ligne (malgré quelques problèmes d'attribution paternelle) de Côme l'Ancien et de Laurent, c'est-à-dire de ceux que les oligarques estimaient les pires ennemis de la République. Mais Côme sut se soustraire assez rapidement à la tutelle pesante de l'oligarchie et, suivant l'exemple de Côme l'Ancien et de Laurent le Magnifique, mit la culture au service de la politique. En trente-six ans, il fit de la Toscane un État absolu, parvenant en 1569 à obtenir le titre de grand-duc.

Si nous analysons son parcours politique, nous pouvons constater que les initiatives culturelles dont il fut l'inspirateur ou celles qu'il suivit personnellement sans les avoir suscitées, scandent en quelque sorte le processus de centralisation des structures de l'État qu'il engagea très rapidement. En d'autres termes, le duc de Florence semble accorder la même attention à la

1. Sur la question juridique des titres octroyés d'abord au prédécesseur de Côme, Alexandre, et ensuite à Côme lui-même voir D. Marrara, *Studi giuridici sulla Toscana medicea*, Milan, Giuffré, 1981 (1re éd. 1965), p. 16-22.

Fonder les savoirs, fonder les pouvoirs, XVe-XVIIe siècle : actes de la journée d'étude... (Paris, 8 avril 1999), éd. Dominique de Courcelles, Paris, 2000 (*Études et rencontres de l'École des chartes*, 6).

politique culturelle qu'aux affaires d'État. Celle-ci fut le support indispensable de sa démarche politique. En ce sens, Côme Ier essaya toute sa vie durant d'asseoir son pouvoir sur un réseau symbolique tissé autour de sa personne dans l'intention de façonner, avec l'aide des intellectuels de sa cour, l'image du prince idéal. Dans cette perspective, plusieurs études ont montré l'envergure des initiatives cosmiennes dans les domaines les plus variés de la culture, notamment littéraires et artistiques. Toutefois, moins sensible à la poésie que Laurent, Côme le fut davantage aux sciences, aux techniques et plus en général au domaine des « savoirs ». Se montrant à la fois homme politique prudent, déterminé et impitoyable, orthodoxe sur le plan religieux, connaisseur avisé de philosophie naturelle, de médecine, d'alchimie, distillateur expérimenté et compétent dans les pratiques de laboratoire les plus variées, Côme forgea de lui-même l'image du prince philosophe censé s'occuper de la santé de son peuple de tous les points de vue.

Dans cette communication, je m'attacherai à montrer un aspect de ce processus de création d'image : j'analyserai de quelle manière la nouvelle mythologie prônée par les théories d'Annius de Viterbe put servir et valoriser l'image de Côme prince-philosophe, s'inscrivant dans un projet plus ample de légitimation du pouvoir.

En 1541, c'est-à-dire quatre ans seulement après son arrivée au pouvoir, Côme transforme l'Académie des *Humidi* en Académie florentine, dont la tâche était à la fois d'adapter la langue toscane aux nouvelles exigences culturelles, d'affirmer la capacité de celle-ci à assurer le rôle de langue scientifique au même titre que le latin, enfin de donner de l'éclat à la dynastie des Médicis[2]. Quelques années plus tard, trois de ses plus fidèles sujets et membres de l'Académie, Giambattista Gelli[3], Pier Francesco Giambullari[4] et Carlo Lenzoni, déclenchèrent un débat assez vif autour de la question de

2. M. Plaisance, « Une première affirmation de la politique culturelle de Côme Ier : la transformation de l'académie des « Humidi » en Académie florentine (1540-1542) », dans *Les Écrivains et le pouvoir en Italie à l'époque de la Renaissance (première série)*, Paris, Univ. de la Sorbonne-Nouvelle, 1973 (Centre de recherche sur la Renaissance italienne), p. 361-438 ; id., « Culture et politique à Florence de 1542 à 1551 : Lasca et les *Humidi* aux prises avec l'Académie florentine », dans *Les Écrivains... (deuxième série)*, Paris, 1974, p. 149-242.

3. Giambattista Gelli, *Dell'origine di Firenze*, éd. A. D'Alessandro, Florence, 1979. Sur la datation de cet ouvrage (autour des années 1540) voir p. 61-69.

4. Pier Francesco Giambullari, *Il Gello di M. Pierfrancesco Giambullari accademico fiorentino*, Florence, Doni, 1546. Une deuxième édition fut publiée en 1549 par Lorenzo Torrentino. Voir A. D'Alessandro, « *Il Gello* di P. Giambullari : mito e ideologia nel principato di Cosimo I », dans le volume collectif *La nascita della Toscana*, Florence, 1980.

l'origine de la langue toscane[5]. Ils soutenaient que la langue toscane n'était pas d'origine latine mais qu'elle dérivait d'une langue étrusque d'origine biblique[6]. Ils s'inspiraient largement des *Commentaria* d'Annius de Viterbe (Giovanni Nanni, 1432-1502) qui, citant le Pseudo-Bérose, établissait une étroite liaison entre la Bible et les mythologies égyptienne et grecque[7]. Suivant les théories soutenues par Annius de Viterbe et reliées plus tard entre elles par Gilles de Viterbe (Egidio Antonini 1465-1532) dans son traité resté manuscrit *Historia viginti saeculorum per totidem psalmos conscripta*, les trois académiciens retracèrent l'histoire de la naissance de Florence et d'autres villes de la Toscane, la situant bien avant Rome et au cœur de la période biblique de l'Ancien Testament. Selon leurs propos, ce fut Noé lui-même qui fonda après le déluge douze villes en Étrurie, et l'Hercule de Libye — opposé à l'Hercule grec — qui fonda Florence[8]. Il s'ensuivait tout naturellement que la langue toscane non seulement précédait la latine, mais dérivait directement de la langue des Écritures : l'araméen[9]. Le fait d'affirmer cette origine du toscan transforme une question qui peut sembler éminemment linguistique en question historique et politique touchant directement le pouvoir. Florence n'est plus, comme dans la tradition huma-

5. Cf. M. Plaisance, « Une première affirmation... » ; id., « Culture et politique... ».

6. L'approfondissement d'un tel sujet sortant du cadre de notre étude, je renvoie aux études suivantes : M. Plaisance, « Culture et politique... », p. 177-184 ; G. Cipriani, *Il Mito etrusco nel Rinascimento fiorentino*, Florence, 1980, notamment p. 71-112 ; C. Vasoli, *La Cultura delle corti*, Florence, 1980, les chap. « Cultura e 'mitologia' nel principato (considerazioni sulla 'Accademia fiorentina') », et « Postel e il 'mito dell'Etruria' » ; P. Simoncelli, *La Lingua di Adamo*, Florence, 1984.

7. *Commentaria fratris Ioannis Annii Viterbensis ordinis predicatorum theologiae professoris super opera diversorum auctorum de antiquitatibus loquentium*, Rome, *per Eucharium Silber*, 1498. Sur Annius, cf. R. Weiss, « Traccia per una biografia di Annio da Viterbo », dans *Italia medioevale e umanistica*, t. 5, 1962 ; M. Signorelli, « Fra Annio da Viterbo umanista e storico », dans *Memorie domenicane*, n. s., t. 41, 1965 ; A. Momigliano, *Terzo contributo alla storia degli studi classici e del mondo antico*, Rome, 1966, chap. « An interim report on the origins of Rome » ; A. Biondi, « Annio da Viterbo e un aspetto dell'orientalismo di Guillaume Postel », dans *Bollettino della Società di studi valdesi*, t. 113, 1972 ; C. Vasoli, « Profezia e astrologia in un testo di Annio da Viterbo », dans *Studi sul Medioevo cristiano offerti a Raffaello Morghen per il 90° anniversario dell'Istituto Storico Italiano (1883-1973)*, Rome, 1974, t. II, p. 1027-1060 ; G. Baffioni, « Noterella anniana », dans *Studi urbinati*, n. s., t. 1-2, 1977 ; R. Fubini, *Il Ruolo della storia e degli storici nelle civiltà*, Messina, 1982, chap. « Gli storici nei nascenti stati regionali italiani ».

8. G. B. Gelli, *Dell'origine...*, p. 118-119.

9. P. F. Giambullari, *Il Gello...*, p. 6.

niste, l'héritière de la *libertas* romaine à l'intérieur d'une Toscane étrusque[10], mais elle devient le cœur même de cette entité étrusque qui s'étend bien au-delà des frontières traditionnelles de la république de Florence. Dans cette perspective, la volonté de Côme de fonder un véritable État toscan trouvait une justification d'un point de vue historique et même religieux, lui permettant d'asseoir ses prétentions sur un nouveau mythe fondateur[11].

De cette mythologie annienne tirée du Pseudo-Bérose, d'autres éléments pouvaient intéresser directement Côme : d'abord le personnage de Noé, ensuite celui de l'Hercule de Libye. Le premier est celui qui inaugura l'âge d'or en Toscane[12], le deuxième est celui qui vint en Étrurie pour y rétablir l'ordre et la paix. Comme l'a remarqué Michel Plaisance, dans le *Dell'origine di Firenze* de Giambattista Gelli il y a un rapprochement entre l'Hercule Libyen et Côme[13]. Celui-ci incarne, si l'on peut dire, aussi bien le nouvel âge d'or que la force du prince juste, quoique centralisateur de tout pouvoir[14]. C'est à lui de rétablir l'ordre et la paix et de veiller au respect de la religion. Dans le *Dell'origine di Firenze*, Giambattista Gelli soutient également que Noé était le dépositaire d'un savoir sacré, religieux et prophétique et le « divulgateur » des arts, de l'astronomie et de la philosophie de la nature[15]. C'est son savoir qui lui permet d'atteindre le vénérable âge de neuf cents ans, et non une intervention divine ; c'est à ceux qui étudient les secrets de la nature d'expliquer cette longévité[16]. Il n'est pas inutile de

10. Sur la question des fondateurs de Florence, voir G. Cipriani, *Il Mito*..., chap. I-II, notamment les p. 5-13, 31-32. Voir également l'ouvrage de référence de H. Baron, *La Crisi del primo rinascimento italiano*, Florence, Sansoni, 1970, tout particulièrement le chap. 3, I.

11. S. Bertelli, « Firenze, la Toscana e le origini 'aramee' dell'etrusco », dans *Annali della Facoltà di lettere e filosofia dell'Università di Siena*, t. 2, 1981, p. 205. Mais voir l'ensemble du volume *Mito etrusco e ideologia medicea*.

12. Voir P. Simoncelli, *La Lingua*..., p. 22.

13. « [*Dell'origine di Firenze*] suggère avec insistance un rapprochement entre l'Hercule Libyen et Côme Ier, sévère mais juste, garant de la paix, de l'ordre et de la religion... » M. Plaisance, « Culture et politique... », p. 181.

14. C'est ce qui évoque Guillaume Postel : « At quia in Etruria primariae magnitudinis astro subiecta orta est olim et sacra de externo cultu disciplina et aurei saeculi institutio historiaque ibidemque ubi nata est funditus periit ibidem, te duce, instaurari optamus et tibi hoc nomine hos commentarios noncupatos volumus. » *De Etruriae regionis, quae prima in orbe Europaeo habitata est, originibus institutis religione et moribus et in primis de aurei saeculi doctrina et vita praestantissima quae in divinationis sacrae usu posita est*, Florence, Lorenzo Torrentino, 1551, p. 4-5 ; éd. avec notes et introd. par G. Cipriani, Firenze, 1986.

15. G. Gelli, *Dell'origine*..., p. 96.

16. « La cagione per la quale egli fusse di sì lunga vita, non appartiene a ricercare a chi scrive hystoria ma è officio di coloro che cercono de secreti della natura. » *Ibid.*, p. 105.

rappeler que la recherche de l'élixir de longue vie est du domaine presque exclusif de l'alchimie et qu'une vieille tradition, qui voit en Hermès Trismégiste, maître de l'art, un contemporain de Noé ou de Moïse[17], attribue aux alchimistes — qui sont des philosophes de la nature — la capacité de confectionner cet élixir. Nous savons que Côme pratiquait l'alchimie dans son laboratoire appelé la *Fonderia* où se déroulaient différentes activités de distillation et de manipulation de plantes et de métaux. On y confectionnait plusieurs types de médicaments que le prince dispensait à ses sujets et envoyait dans les cours européennes, où ils jouissaient d'une réputation d'efficacité et de fiabilité[18]. En outre, l'image de Noé connaisseur des secrets de la nature semble bien se rapprocher de celle du roi-sage étrusque, le Lucumon[19], qui, transposé dans le contexte culturel du XVIe siècle, devient le prince-philosophe[20]. C'est à Côme *philosophus* que s'adresse Guillaume Postel dans sa dédicace du *De Etruriae regionis...*[21], et c'est l'image d'un philosophe que nous renvoient Benedetto Varchi dans ses *Lezioni sui calori*[22] et Baccio Baldini dans sa *Vita di Cosimo I*[23]. Benedetto Varchi, dans son traité *Si l'archemia è vera o no, quistione*, définit encore l'alchimie comme une « science véritablement royale, étude sans aucun doute divine, et propre aux princes » *(scientia veramente regia, studio senza alcun dubbio divino, e propriamente da principi)*. Tout en nous donnant une description de Côme qui ressemble fort à celle d'un alchimiste, Bernardo Davanzati

17. C'est la généalogie médiévale qui fait d'Hermès un contemporain de Noé, cf. F. Yates, *Giordano Bruno e la tradizione ermetica*, Bari, Laterza, 1985, p. 63-64 (1re éd. Londres, Routledge & Kegan Paul, 1964). Ficin, par contre, en fait un contemporain de Moïse, afin qu'Hermès ne puisse pas être présenté comme son inspirateur. Cet important aspect de la question est souligné par E. Garin, *Ermetismo e Rinascimento*, Rome, 1988, p. 64.

18. « ... e questi siffatti medicamenti, ed ai suoi popoli gli faceva dispensare, quando bisogno ne avessero avuto, e per tutta Europa ancora gli faceva mandare quando fossero stati richiesti. » G. Bianchini, *Ragionamenti istorici dei granduchi di Toscana della Real Casa de' Medici*, Venise, G. Battista Recurti, 1741, p. 21.

19. Sur la question de la dignité royale des Lucumons, perçus auparavant comme des magistrats républicains, voir G. Cipriani, *Il Mito...*, p. 23-24 et 36.

20. Dans son *Il Nobile : ragionamenti di nobiltà partiti in cinque libri*, Florence, Lorenzo Torrentino, 1548, Lucio Paolo Roselli relie la noblesse de Côme aux anciens princes étrusques. Je cite d'après G. Cipriani, *Il Mito...*, p. 87-88.

21. *De Etruriae regionis...*, éd. G. Cipriani, p. 27.

22. *Opere di Benedetto Varchi per la prima volta raccolte, con un discorso di A. Racheli intorno alla filologia del secolo XVI e alla vita di Gio. Battista Busini sopra l'assedio di Firenze*, Trieste, Sezione letterario-artistica del Lloyd Austriaco, 1858-1859, 2 vol., t. I, col. 508b-509a.

23. *Vita di Cosimo I granduca di Toscana*, Florence, nella stamperia di Bartolomeo Samartelli, 1578, p. 86.

Bostichi le compare au dieu Esculape[24]. C'est à la compétence de Côme que fait appel Adam de Bodenstein dans sa dédicace du *De tartaro* de Paracelse, dont le contenu est du ressort de la philosophie naturelle, comme le souligne l'auteur, reconnaissant du même coup, de façon implicite, la qualité de philosophe de Côme. Dans cette dédicace est évoqué aussi un autre thème susceptible de toucher le duc : celui du médecin « vertueux »[25] et philosophe qui, grâce à ses connaissances, maîtrise les processus naturels et guérit les malades. Cette conception du médecin, si chère aux paracelsiens, était déjà l'une des caractéristiques du médecin selon Marsile Ficin, protégé de Côme l'Ancien, qui exposait ses théories dans son ouvrage *De vita*[26]. Marsile Ficin avait d'ailleurs, comme on sait, traduit le *Pimander,* traité hermétique dont l'origine se perdait, pensait-on, dans la nuit des temps et qui rassemblait, selon le chanoine médicéen, les savoirs des peuples les plus anciens, notamment des Chaldéens et des Égyptiens dont les ancêtres, selon les « Araméens », n'étaient autres que les fils de Noé. Ce traité était attribué à Hermès Trismégiste, auteur également présumé de la *Tabula smaragdina*[27] et d'autres textes alchimiques. C'est Côme de Médicis l'Ancien *pater patriae,* lui aussi intéressé par l'alchimie[28], qui avait acheté le

24. « Ordigni, segreti, olii, acque, stillamenti, medicine, rimedi potenti, perché a lui con piacer grandissimo quasi allo dio Esculapio, si ricorreva non pur da quei della città, ma da forestieri eziamdio, e da principi. » Oraison funèbre pour la mort de Côme présentée à l'académie des Alterati ; voir A. Perifano, *L'Alchimie à la cour de Côme Ier de' Médicis : culture, savoirs et politique,* Paris, Champion, 1997, p. 86-87.

25. Après avoir évoqué les trois premières colonnes de la médicine spagirique (philosophie ou physique, astronomie, alchimie), Bodenstein en vient à la quatrième : « Ultima est virtus, quae ipsum medicum requirit pium in Deum et homines, iustum, constantem, fidum omnisque boni amantissimum. » Voir A. Perifano, *L'Alchimie...*, p. 155, trad. p. 164-165.

26. Au-delà des différences conceptuelles entre Paracelse et Ficin, la filiation est aujourd'hui reconnue, ce qui n'avait d'ailleurs pas échappé à l'un des premiers divulgateurs du paracelsisme, Petrus Sørensen, qui se rendit à Florence précisément pour y étudier le platonisme, et qui fit de Paracelse un héritier des *prisci philosophi.* Voir J. Shackelford, « Paracelsianism and patronage in early modern Denmark », dans *Patronage and institutions : science, technology and medicine at the European court 1500-1750,* éd. B. Moran, Rochester (N. Y.), The Boydell Press, 1991, p. 91.

27. Sur la tradition textuelle de la *Tabula smaragdina,* voir Hermès Trismégiste, *La Table d'émeraude,* éd. D. Kahn, Paris, 1994.

28. G. Carbonelli signale un manuscrit qui lui est attribué, et dont il existe une copie faite par M. Pietro Grignolo de Ponte Cavanese en 1475 : *Cosmus de Medicis servus fidelis manu propria scripsit Pio pape.* L. Thorndike, *History of magic and experimental science,* t. IV, New York, 1934, p. 346-347, nous donne quelques extraits de cette lettre que Côme aurait envoyée au Pape Pie II. Caterina Sforza, mère de Jean des Bandes Noires et donc grand-

manuscrit du *Pimander* et commandé la traduction à Ficin qui l'acheva en 1463. En 1548, l'imprimerie ducale de Lorenzo Torrentino édita le *Pimander* avec une dédicace à Côme Ier rédigée par l' « Araméen » Carlo Lenzoni.

Sans établir de relations trop étroites et mécaniques, il faut également signaler que le mythe de Noé permettait de postuler une sorte de jumelage entre Florence et Rome. Selon les mythographes « araméens », Noé s'était également rendu dans le Latium et il était mort à Rome, où il avait été enterré sur la colline du Janicule. Le Janicule, d'ailleurs, avait pris ce nom en son honneur, les Romains appelant Noé Janus. C'est pour cette raison que saint Pierre voulut être crucifié sur le Janicule : il montrait ainsi que la naissance de l'Église continuait la tradition des Écritures. Cette relation mythique entre les deux villes se concrétisait, sur le plan de l'histoire contemporaine, dans l'axe privilégié entre Rome et Florence établi par les deux papes médicéens Léon X et Clément VII, assurant ainsi le pouvoir de leur famille à Florence. Léon X au demeurant nourrissait une profonde fascination pour les Étrusques et s'intéressa de près à la nouvelle mythologie qui lui permettait de poursuivre avec vigueur son projet de suprématie culturelle tosco-médicéenne en Italie[29]. Cet axe d'alliance politique fut aussi poursuivi par Côme qui, après ses querelles avec Paul III, avait suivi attentivement toutes les élections pontificales, contribuant directement à celle de Pie IV. C'est grâce à cette politique et à son attitude de prince *christianissimus* qu'il obtiendra de Pie V, en 1569, le titre de grand-duc[30].

mère de Côme Ier, cite, dans un manuscrit qui lui est attribué, une recette tirée d'un livre d'alchimie écrit par Côme l'Ancien, *Experimenti de la Exma S[a] Caterina da Furlì matre de lo inlux[mo] signor Giovanni de Medici : In nome de Dio in questo libro se noteranno alcuni experimenti caciati da lo originale de la inlux[ma] Caterina da Furlì matre de lo inlux[mo] S[re] Joannis de Medici, mio S[re] et patrone, et per esser l'original scripto de man propria de dicta madonna...* Ce manuscrit, édité par P. D. Pasolini, est une copie exécutée en 1525 par Lucantonio Cuppano da Montefalco, un des fidèles de Jean des Bandes Noires, père de Côme Ier ; cf. G. Carbonelli, *Sulle fonti storiche della chimica e dell'alchimia in Italia*, Rome, 1925, p. IX-X ; P. D. Pasolini, *Caterina Sforza*, Rome, 1893, 3 vol., t. III, p. 607-807. Cette renommée était bien établie au cours du XVIe siècle : Côme l'Ancien est placé dans une liste de personnages ayant pratiqué l'alchimie par Giovan Battista Nazari, *Della tramutazione metallica sogni tre*, Brescia, Francesco et Pietro Maria Marchetti, 1572, p. 137. Nous avons édité une nouvelle, ayant pour protagonistes Côme l'Ancien et un alchimiste, qui se trouve elle-même dans un manuscrit d'alchimie : A. Perifano, « De deux nouvelles contenues dans le *Trattato justissimo fabricato per me An. C. de la vera e de la falsa Alchimia* » dans *L'Après-Boccace : la nouvelle italienne aux XVe et XVIe siècles*, Paris, Univ. de la Sorbonne-Nouvelle, 1994 (Centre interuniversitaire de recherche sur la Renaissance italienne), p. 79-97.

29. G. Cipriani, *Il Mito...*, p. 48-59.

30. Titre confirmé en 1570 par l'empereur.

Plusieurs chercheurs ont fait remarquer l'accueil réticent des théories araméennes dans le milieu culturel florentin et les railleries auxquelles furent même soumis les autodidactes Gelli et Giambullari ainsi que leur marginalité[31]. D'ailleurs, Gelli et Giambullari eux-mêmes atténuèrent assez rapidement leurs propos sur la question de la langue araméenne-toscane[32]. De plus, le *Dell'origine di Firenze* eut une diffusion extrêmement restreinte, au point d'être presque introuvable, et la plupart des écrits pro-araméens restèrent inédits[33]. Bien que ces remarques soient dans l'ensemble pertinentes, leurs auteurs ne prêtent que trop peu d'attention aux deux éditions, de 1546 et de 1549, de *Il Gello* de Pierfrancesco Giambullari, qui reprend en les nuançant les thèses de Gelli[34]. Ce dernier, d'ailleurs, apparaît parmi les personnages qui participent aux dialogues imaginés par Giambullari dans son ouvrage. En outre, il me semble que pour évaluer l'impact de *Commentaria* d'Annius de Viterbe à Florence, il faut peut-être sortir du milieu restreint des intellectuels florentins. La mythologie annienne connut un véritable succès dans l'Europe entière, notamment en Espagne, en Allemagne et en France où il suscita surtout l'intérêt des historiens[35]. Il est vrai que plusieurs savants de l'époque reconnurent en Annius un ingénu au mieux et un faussaire au pire, mais, en soulignant une filiation qui n'était plus romaine, la descendance de l'Hercule de Lybie, dont se réclamaient nombre de princes, flattait l'esprit national de ces grands États centralisés, et personne ne put empêcher la diffusion des théories contenues dans les *Commentaria* d'Annius. Il me semble que la même analyse peut s'appliquer à la Toscane de Côme. Celui-ci était trop attentif aux enjeux culturels et

31. C'est la position, entre autres, de G. Pozzi, « Mito etrusco e potere assoluto a Firenze al tempo di Cosimo I », dans *Le Pouvoir monarchique et ses supports idéologiques, XIVe-XVIIe siècle*, Paris, Publ. de la Sorbonne-Nouvelle, 1990, p. 65-76.

32. A ce propos voir les argumentations que développe P. Simoncelli, *La Lingua…*, p. 18 et suiv.

33. P. Simoncelli (*ibid.*, p. 17) soutient que le *Dell'origine…* resta manuscrit. En revanche, G. Cipriani, *Il Mito…*, p. 83-84, croit à une édition très rare. A. D'Alessandro dans son édition citée, p. 67-68, pense lui aussi que le petit traité de Gelli fut édité, notamment par Dortelata, pseudonyme derrière lequel se cachaient P. F. Giambullari et Cosimo Bartoli.

34. Pour les deux éditions voir ci-dessus note 4. Sur les nuances apportées par Giambullari aux thèses de Gelli, voir M. Plaisance, « Culture et politique… », p. 183-184.

35. C.-G. Dubois, *Celtes et Gaulois au XVIe siècle : le développement littéraire d'un mythe nationaliste, avec l'édition critique d'un traité inédit de Guillaume Postel, « De ce qui est premier pour reformer le monde »*, Paris, Vrin, 1972. Sur la réception des œuvres de Gelli en Europe voir l'introduction de I. Sanesi à l'édition de G. B. Gelli, *Opere*, Turin, UTET, 1961, p. 41-50.

politiques de telles spéculations pour ne pas en tenir compte, ce qui expliquerait l'arrivée à Florence de Guillaume Postel et l'édition, en 1551, du *De Etruriae regionis....,* chez l'imprimeur ducal Lorenzo Torrentino. Il est évident que Guillaume Postel avait une tout autre envergure intellectuelle que Gelli et Giambullari et une réputation certaine de connaisseur des Écritures et des langues anciennes. S'il est vrai que Postel s'intéressait aux théories anniennes du point de vue religieux et non mythologique et politique, il est vrai aussi que sa perspective d'étude, mettant en exergue la place de l'Étrurie dans la tradition biblique, ne pouvait que susciter l'attention du duc. Compte tenu des divergences profondes qui se manifestèrent assez rapidement entre l'entourage « araméen » de Côme et Postel, notamment avec Giambullari sur la question de la langue[36], on peut inférer avec un bon indice de certitude que ce fut Côme lui-même qui avait souhaité la présence de Postel à Florence. Sans l'appui personnel de Côme, on ne voit pas d'ailleurs comment Postel aurait pu publier chez Torrentino. Bien que son séjour florentin ait été de courte durée et malgré les divergences que je viens d'évoquer, Postel apporta une caution savante indéniable aux « Araméens ». En ce sens, on a vu qu'avant Postel un autre érudit, le cardinal Gilles de Viterbe, hébraïsant, connaisseur de l'araméen et de l'arabe, familier de la cour de Léon X, avait conforté les *Commentaria* d'Annius dans son *Historia viginti saeculorum per totidem psalmos conscripta,* ouvrage resté manuscrit. Pour lui aussi l'ancien peuple toscan était d'origine chaldéenne-étrusque et s'était établi en Italie pour y divulguer le culte de Dieu et les mystères sacrés. Son histoire était parallèle à celle d'Israël.

Comme nous l'avons déjà souligné, les théories araméennes sur l'origine de la langue furent vite nuancées par leurs défenseurs, notamment Gelli et Giambullari, mais les thèmes philosophiques et religieux liés aux savoirs des Chaldéens et des Égyptiens, voire des Étrusques, persistèrent néanmoins dans la culture florentine[37]. L'image de rois sages et philosophes qui ressort de cette ancienne tradition convenait parfaitement au duc de Toscane qui, comme nous l'avons vu, devenait dans le développement de l'histoire araméenne le successeur de ces mêmes rois.

Cette image de prince philosophe ne s'épuisait pas dans une construction abstraite et idéologique, mais trouvait une correspondance dans une pratique du pouvoir attentive aux développements du savoir. Je donne quelques exemples : nous avons déjà évoqué l'Académie florentine. En

36. Voir P. Simoncelli, *La Lingua...*, p. 64-72.
37. C. Vasoli, « Cultura e mitologia... », p. 175 et suiv.

1543, Côme rouvrit en le réorganisant administrativement et académiquement le *Studio* de Pise. Il y appela des professeurs de grande renommée, comme Falloppia, Realdo Colombo pour l'anatomie, Luca Ghini pour l'étude des simples, Giovanni Argenterio pour la médecine[38]. Il créa également, sur le conseil et grâce à l'intercession de Giorgio Vasari, l'*Accademia del disegno,* dégageant ainsi les peintres de leur appartenance à la corporation des médecins et apothicaires[39]. En 1567, le duc fit éditer le nouveau *Ricettario fiorentino,* revu et corrigé par rapport à celui de 1498 et dédié à Côme, duc de Florence et de Sienne[40]. Celui-ci était une nouvelle mouture d'une première édition, introuvable, de 1550[41]. L'édition de 1567 est l'achèvement d'un long processus (dont celle de 1550 était une première étape) de mainmise du pouvoir sur la puissante corporation des médecins et apothicaires[42]. Côme bouleverse les privilèges de la corporation dans une perpective de santé publique dont l'État se charge. Toutefois, à ce souci correspond un véritable intérêt personnel du duc pour la botanique médicale, révélé par les gloses autographes de l'édition de 1544 du *Dioscoride* de Pier Andrea Mattioli[43] et par ses expériences à la *Fonderia.* C'est sous son impulsion aussi qu'avait vu le jour, en 1544, le jardin des simples de Pise, dont l'artisan et responsable fut Luca Ghini.

Ce genre de réalisations participe directement de la construction de l'image de Côme prince philosophe. Celle-ci se révèle être un mélange savant entre ses intérêts et ceux du pouvoir, entre la sphère du privé projetée à l'extérieur et celle du public. Ces deux aspects sont tellement liés qu'il est difficile d'analyser l'un sans prendre en compte l'autre. En d'autres termes, nous avons deux faces de la même médaille. De ce point de vue, la réalisation de la *Sala delle Carte,* voulue par Côme et réalisée par Egnazio Danti, en est un exemple saisissant[44]. Elle était appelée ainsi à cause des

38. Cf. C. Pratilli, *L'Università e il principe*, Florence, 1975, p. 119-135.

39. C. Fiorilli, « I dipintori a Firenze nell'arte dei medici, speziali e merciai », dans *Archivio storico italiano,* t. 2, 1920.

40. Voir A. Perifano, *L'Alchimie*…, p. 67-78.

41. *Ibid.*

42. *Ibid.*

43. *Di Pedacio Dioscoride Anazarbeo libri cinque della historia e materia medicinale tradotti in lingua volgare italiana da M. Pietro Andrea Matthiolo Sanese medico, con amplissimi discorsi, et commenti, et dottissime annotationi, et censure, del medesimo interprete… ; stampato in Venetia per Nicolò de Bascarini da Pavone di Brescia; corretto e riunito per il proprio autore il mese d'Ottobre 1544.* L'exemplaire annoté de la main de Côme se trouve à la Biblioteca Nazionale de Florence sous la cote *Banchi Rari* 119.

44. La seule source d'information sur le fonctionnement de cette *Sala* est G. Vasari, *Le*

cartes des différentes régions du monde qui s'y trouvaient, complétées par la représentation des animaux et des habitants. Au moyen d'une série de mécanismes dont il ne nous reste aucune documentation, deux globes, l'un céleste et l'autre terrestre, surgissaient du plancher mobile pendant que le plafond s'ouvrait en montrant la disposition des planètes. Giorgio Vasari nous donne trois informations importantes sur la conception de cette salle : la première est qu'elle avait été construite par la volonté expresse de Côme[45], la deuxième est qu'elle suscitait l'admiration des visiteurs, la troisième est qu'elle avait été édifiée pour compléter la *Guardaroba* du duc et que tout autour de la nouvelle salle se trouvaient de belles armoires de noyer contenant les objets les plus précieux qu'il possédait[46]. Cet emplacement montre bien le caractère « privé » de cette salle[47] qui se présente en fait comme la prolongation de la *Guardaroba*[48]. Si la *Sala delle Carte* est un lieu destiné à émerveiller et à étonner les invités, elle est donc aussi un espace réservé du prince. Ainsi, dans le cadre architectural et scientifique de cette salle, deux fonctions, publique et privée, se conjuguent pour devenir ensemble la projection publique du domaine privé merveilleux du prince. Dans le même registre nous avons la *Fonderia,* qui se présente d'une part comme un lieu bien déterminé architecturalement, identifiable par ses fumées, situé au cœur même du pouvoir au *Palazzo della Signoria,* d'autre part comme un lieu privé et même secret. Les produits qui y sont fabriqués et largement dispensés, au-delà de leur efficacité, deviennent un signe dans leur matérialité même du savoir du prince. En ce sens, Côme se présente comme un dispensateur de savoir exotérique, par sa politique culturelle, et un adepte

Vite de' più eccellenti pittori, scultori ed architetti, éd. G. Milanesi, Florence, Sansoni, 1878-1885, t. VII, p. 633-636 ; voir P. Galluzzi, « Il mecenatismo mediceo e le scienze », dans *Idee, istituzioni, scienza e arti nella Firenze dei Medici,* éd. C. Vasoli, Florence, Giunti/Martello, 1980, p. 197. La construction de la *Sala delle Carte* débuta en 1563 : voir L. Berti, *Il Principe dello studiolo, Francesco I dei Medici e la fine del Rinascimento fiorentino,* Florence, 1967, Edam, p. 277.

45. « Questo capriccio ed inventione del duca Cosimo… » *Ibid.*, p. 635.

46. « … sul secondo piano delle stanze del suo palazzo ducale ha di nuovo murato apposta ed aggiunto alla Guardaroba una sala assai grande, ed intorno a quella ha accomodata d'armarii alti braccia sette con ricchi intagli di legnami di noce, per riporvi dentro le più importanti cose e di pregio e di bellezza che abbi Sua Eccellenza. » *Ibid.*, p. 633.

47. P. Galluzzi, « *Il mecenatismo…* », p. 197.

48. La description de la *Guardaroba* donnée par Vasari semble être celle d'un des premiers « cabinets de curiosités » qui jouèrent un rôle très important dans la politique culturelle des cours au XVIe siècle. Sur ce sujet voir O. Impey, A. McGregor, *The Origin of museums: the cabinet of curiosities in sixteenth and seventeenth century Europe,* Oxford, 1985.

du savoir ésotérique, par ses pratiques alchimiques renvoyant à une science ancienne et cachée.

En conclusion, il me semble qu'il y a une certaine convergence entre l'appareil symbolique qui, entre autres, exploite toute sorte de traditions historiques et/ou mythologiques susceptibles de légitimer le pouvoir — soit-elle latine, comparant Côme à Auguste, dont le duc de Toscane avait adopté le signe zodiacal du Capricorne, ou « araméenne » — et cette volonté affichée du duc de Toscane de se montrer savant et compétent dans presque tous les domaines[49]. Son savoir est au service de son peuple et cautionne également sa politique dans la mesure où il incarne une certaine sagesse, fille de la connaissance. L'image qui se dégage de Côme n'est pas double, d'une part l'homme politique, de l'autre le savant, c'est une image unique de prince savant et philosophe qui, en raison de ses qualités, veille sur son peuple et sur ses domaines[50].

Alfredo PERIFANO,
Université de Franche-Comté.

49. Les positions différentes, voire opposées, des intellectuels de l'entourage de Côme s'évertuant à lui trouver une descendance noble et ancienne, impériale ou étrusque ou les deux à la fois, montrent une capacité politique indéniable du duc de se servir, au moment voulu, de ce qui se présente à lui. En ce sens, il me semble qu'on ne peut pas opposer Vincenzio Borghini (1515-1580) à Pier Francesco Giambullari, comme le fait G. Pozzi (« Mito etrusco... », p. 73 et suiv.) pour montrer la marginalité des théories araméennes, car ils n'interviennent pas dans le débat au même moment. Les *Discorsi*, où Borghini attaque les « Talmudisti ed Aramei » ainsi qu'Annius de Viterbe, ne furent imprimés qu'après sa mort en 1584-1585 par les Giunti.

50. Une lettre de Guillaume Postel datée du 5 juin 1553, *Insigni pietate et aequitate viro Cosmo Medici, Florentiae et Thusciae duci, principi optimo*, est très significative en ce sens. Il y affirme : « Etruriae civitates iudico ideo singulari foelicitate donatas esse nostra tempestate, quod illis votum illud platonicum contigerit ut principem et philosophum », voir G. Cipriani, *De Etruriae regionis...*, p. 28 note 18-19. Voir également C. Vasoli, « Postel e il mito... ».

LA *SILVA DE VARIA LECCIÓN* DE L'HUMANISTE SÉVILLAN PEDRO MEXÍA OU L'ÉCHEC DU PRINCIPE DE *VARIETAS*

par

DOMINIQUE DE COURCELLES

Entre 1540 et 1551 paraît à Séville et dans d'autres villes d'Espagne, avec des ajouts successifs, la *Silva de varia lección* (« Silve ou Forêt de leçon variée ») écrite à Séville et dédiée à Charles Quint par le célèbre humaniste sévillan Pedro Mexía[1]. Ce livre connaît un immense succès ; il a vingt-neuf éditions en castillan aux XVIe et XVIIe siècles, il est traduit en langue italienne dès 1544 et en langue française en 1552 ; il connaît plusieurs éditions successives dans ces langues et dans d'autres langues européennes, et les différents éditeurs n'hésitent pas à ajouter au texte original des suites.

Pedro Mexía, né en 1497 aux environs de Séville, a été formé dans cette ville aux lettres et aux armes comme tout enfant de famille noble. Il étudie le droit à l'université de Salamanque de 1516 à 1526 puis semble avoir exercé pendant quelques années une fonction dans l'administration impériale. De santé fragile, il se retire à Séville. Il est sans aucun doute redevable de sa science et de sa réputation de grand lecteur de livres à deux Sévillans qui sont ses amis, le savant évêque d'Escalas, Baltasar del Rio, « qui développa les belles lettres *(buenas letras)* à Séville et qui lui fit connaître quelques livres extraordinaires », et le très érudit Fernando Colón, fils du découvreur de l'Amérique, amoureux des livres et du savoir et possesseur à Séville d'une bibliothèque qui aurait, selon la tradition, renfermé plus de vingt mille volumes[2]. Lorsque la *Silva* paraît en 1540, Fernando Colón vient de mourir.

1. Mon analyse et mes traductions sont faites à partir de l'édition d'Antonio Castro, Madrid, Editorial Cátedra, 1989, 2 vol.

2. Francisco Pacheco, *Libro de descripción de verdaderos retratos de ilustres y memorables varones*, 1599. Édition récente par Pedro M. Piñero Ramírez et Rogelio Reyes Cano, Séville,

Fonder les savoirs, fonder les pouvoirs, XVe-XVIIe siècle : actes de la journée d'étude... (Paris, 8 avril 1999), éd. Dominique de Courcelles, Paris, 2000 (*Études et rencontres de l'École des chartes*, 6).

En 1540 Pedro Mexía (1497-1551) est cosmographe de la *Casa de contratación de Indias* de Séville depuis 1537, *alcalde* de la *Santa Hermandad* depuis 1538, *caballero veinticuatro* de l'administration municipale sévillane. De son vivant la *Silva de varia lección* est neuf fois rééditée (quatre fois à Séville). En 1545, Mexía publie à Séville, en s'inspirant de Suétone, la *Historia imperial y cesárea,* compilation des biographies des empereurs romains depuis Jules César jusqu'à Maximilien Ier d'Autriche, grand-père de Charles Quint, et véritable préambule à l'histoire du règne de Charles Quint. Grâce à l'appui du confesseur impérial, le célèbre dominicain Domingo de Soto, qui fait apprécier à la fois la *Silva* et la *Historia imperial y cesárea* à Charles Quint, Mexía est nommé chroniqueur impérial *en lengua romance* en 1548, pour écrire *muy grande historia,* c'est-à-dire la totalité d'une histoire impériale et royale. Ainsi la *Silva* est entrée, comme première œuvre de Mexía, dans une stratégie réussie d'approche du pouvoir souverain. Mais Mexía, à cette date, choisit, contre l'usage, de ne pas vivre à la cour.

Les contemporains de Pedro Mexía ont retenu de lui non pas son travail d'historiographe impérial mais « l'usage des mathématiques et de l'astrologie, en quoi il était assurément le plus compétent, puisque, en raison de son excellence, il fut dénommé l'Astrologue, comme Aristote fut dénommé le Philosophe »[3]. Mexía a correspondu avec Juan Ginés de Sepúlveda et Juan Luis Vives ; trois lettres d'Érasme adressées à lui et à son frère Cristóbal en 1530 ont été conservées.

Alonso Morgado dans son *Historia de Sevilla* de 1587 estime que l'œuvre littéraire de Mexía exprime son christianisme et son orthodoxie et, un siècle plus tard, l'historien Rodrigo Caro rappelle : « A cette époque le consultaient tous les pilotes et hommes de mer qui, en raison de la récente découverte des Indes occidentales, s'efforçaient de vaincre l'immense Océan qui, si longtemps, les avait gardées cachées et ignorées de tous ; et il leur enseignait très bien la cosmographie et l'hydrographie, afin qu'en de si difficiles voyages ils ne se perdissent pas »[4]. Mais contre Pedro Mexía, comme l'ont rappelé les hispanistes Marcel Bataillon ou Augustin Redondo, s'élèvent à partir des années 1550 les voix des amis d'Érasme et des réfugiés espagnols qui l'accusent d'avoir trahi la cause de l'Évangile à Séville. Il semble bien

Diputación Provincial, 1985, p. 309. La notice concernant Pedro Mexía se trouve p. 307-313.

3. *Ibid.* (éd. de 1985), p. 309.

4. Rodrigo Caro, *Varones ilustres en letras, naturales de Sevilla,* 1686 ; Bibl. Colombine de Séville, ms. 84-7-17, fol. 22-22v. Éd. moderne par Santiago Montoto, Séville, Real Academia Sevillana de Buenas Letras, 1915, p. 33.

qu'au milieu du XVIe siècle Mexía ait clairement choisi le parti de l'Église romaine et de Charles Quint, monarque alors définitivement espagnol et découragé par les indociles princes allemands.

I. — La « Silva de varia lección » : le détournement d'un genre littéraire

Mexía s'est expliqué sur le choix du genre littéraire de la *Silva* dans les deux pièces préliminaires de son œuvre. Dans le *prólogo* adressé à Charles Quint, il explique qu'il a entièrement composé la *Silva de varia lección* à partir de « grands et approuvés auteurs, de la même façon que celui qui réunit les plants de très bons arbres pour son verger ou jardin [...]. J'ai ainsi pris cette manière d'écrire à l'imitation des grands auteurs anciens qui ont écrit des livres de cette manière ». Dans le *prohemio y prefación de la obra*, il précise que la *Silva* est écrite par « discours et chapitres de divers thèmes, sans poursuivre ni observer un ordre entre eux » : « C'est pourquoi je lui ai donné pour nom *Silva*, parce que, dans les forêts et les bois, les plantes et les arbres se trouvent sans ordre ni règle... »

Précisément, Séville est à la même époque renommée pour les jardins et les forêts plantées d'arbres fruitiers et d'essences rares qui l'entourent. A proximité de la porte de Goles, Fernando Colón a fait construire un palais entouré de vergers et de jardins ; il crée le premier jardin botanique où s'acclimatent les plantes venues des Indes occidentales. Sur la rive du Guadalquivir, la chartreuse de Santa Maria de las Cuevas laisse aux étrangers, tel l'ambassadeur de Venise, un souvenir inoubliable. Ses vergers bordés de cyprès sont plantés de palmiers et d'arbres divers, en particulier d' « orangers dont les fruits sont considérés comme excellents ». « En regardant vers la campagne, les lointains sont un régal pour la vue, tous plantés de vergers et de bosquets, ou plutôt, de très grandes forêts d'arbres fruitiers [...] ; vers l'intérieur la ville montre toutes ses tours et bâtiments principaux, dont les plus hauts rivalisent avec les palmiers très anciens », écrit encore l'historien Alonso Morgado[5].

La *Silva*, comme les vergers et les forêts qui entourent Séville et sont chers aux Sévillans, marque donc le rapport privilégié entre les « grands et approuvés auteurs », le sens des propositions retenues par Mexía et l'effet esthétique sur le lecteur.

5. *Historia de Sevilla*, Séville, Andrea Pescioni et Juan de León, 1587, p. 10.

Mais le nom de *Silva* qui désigne ici le premier recueil de *miscellanea* en langue castillane renvoie à un genre poétique célèbre. Lucain et Stace avaient déjà donné le nom de *Silva* à leurs recueils de poèmes. Politien (1454-1494), pour sa première année d'enseignement au *Studio,* c'est-à-dire au collège universitaire de Florence, avant d'écrire ses propres *Silves* poétiques, a choisi d'étudier les *Silves* de Stace. Intéressé par la signification du terme *silva,* Politien retient des commentaires de Varron et de Quintilien les notions de « confusion », d' « inachèvement », fondant son interprétation sur une fausse étymologie du terme qu'il fait venir, à la suite de Quintilien, du grec *hylè,* « matériau d'un ouvrage ». A ces deux notions s'ajoute celle d' « improvisation » introduite par Stace lui-même. Politien remarque que la *silva* se distingue chez les Romains du *nemus* sacré, « multitude d'arbres ordonnés », en ce qu'elle est « inculte et diffuse ». Le terme *diffusa* suggère la notion de *varietas,* le caractère multiforme des *Silves,* ce que choisit de retenir Mexía dans le titre même de son ouvrage. Les *Silves* de Politien ne sont pas l'expression d'une lyrique personnelle, mais elles constituent de véritables *praelectiones* qui devaient être lues en introduction à ses cours universitaires et sont destinées à octroyer à leur auteur la consécration et la gloire et également à lui permettre de communiquer avec les autres humanistes dans une langue d'élite. Les *praelectiones* sont avant tout des poèmes d'une extrême complexité, d'une extrême érudition. Il s'agit d'une poésie de la variété et de l'ambiguïté, offrant de nombreuses possibilités de lecture, également d'une poésie du symbole et de l'emblème, obéissant à un code. Les *Silves* de Politien ont valeur de modèle et d'incitation aux études humanistes, mais leur érudition, leur habileté technique et leur rhétorique sophistiquée disent l'évidente volonté de l'auteur de présenter le savoir sur un mode ésotérique[6]. Mexía cite à plusieurs reprises Politien. Parce que l'Espagne est à l'école de l'humanisme italien depuis le début du XVe siècle, il ne fait aucun doute que les textes majeurs des humanistes italiens puis des presses italiennes sont connus des hommes cultivés du début du XVIe siècle à Séville.

Aristote dans la *Poétique,* dont l'édition princeps est parue en 1508 chez Alde Manuce à Venise, a bien expliqué que la tâche du poète n'est jamais de dire le réel, mais comme le réel, à savoir le possible selon le vraisemblable ou le nécessaire ; la poésie expose une vérité universelle, elle est philoso-

6. Je renvoie ici aux analyses de Perrine Galand, dans sa trad. d'Ange Politien, *Les Silves,* Paris, Les Belles Lettres, 1987, p. 9-23.

phique, parce qu'elle dit les choses telles qu'elles auraient dû être, telles qu'elles pourraient être.

Mexía place en exergue du texte en prose de la *Silva* un poème latin de sa composition intitulé de façon énigmatique *Franciscus Leardus ad Latinum lectorem,* destiné à la fois à prouver son habileté dans le maniement de la langue latine et du genre poétique et à affirmer son choix délibéré d'une écriture en langue vernaculaire et en prose pour le profit du plus grand nombre de lecteurs.

> Desine mirari materna hoc edere lingua,
> Petrum Mexiam, candide lector, opus.
> Ille quidem poterat Latiis componere verbis,
> Ut qui inter doctos est numerandus eques.
> Sed voluit librum multis prodesse, vel illis,
> Qui innumeri capiunt verba latina minus.
> Hos reor atque alios nunquam legisse pigebit,
> Utrique invenient plurima digna legi.

Le désir d'utilité sociale fait passer de la poésie latine à la prose castillane. Les *plurima digna legi* sont sous le signe de la référence et du réel de la *lingua materna.*

Ainsi il apparaît que le titre *Silva de varia lección* constitue un avertissement préalable au lecteur, annonçant la complexité de l'œuvre et son inscription dans une tradition humaniste savante, celle des *Silves ;* mais la *Silva* sévillane se démarque immédiatement de cette tradition par la volonté de son auteur, puisqu'elle est forêt singulière, *silva* et non *silvas,* écrite en prose et non en vers, en langue castillane *de varia lección* et non en latin. La variété s'allie à l'originalité formelle :

> « Cette manière d'écrire est nouvelle en notre langue castillane et je crois que je suis le premier qui ait porté en elle cette invention [...]. J'ai voulu donner ma peine pour ceux qui ne comprennent pas les livres en latin, et je veux que ceux-là surtout me remercient de ce travail, puisqu'ils sont les plus nombreux et ceux qui ont habituellement le plus grand besoin et désir de savoir ces choses » *(Prohemio).*

La *Silva de varia lección* n'a pas d'équivalent, surtout en langue castillane. Sa distance à l'égard des *Silves* poétiques, alors qu'elle en garde les notions majeures, marque bien qu'elle revendique d'être dans le domaine du signifier quelque chose, dans l'exigence de la signification. Le choix de la variété s'annoncerait-il à la fois comme un choix littéraire, rhétorique, et comme une vision philosophique du monde ?

II. — Séville centre du monde, fondement de l'Espagne

Voyons maintenant de plus près les deux pièces préliminaires de la *Silva de varia lección.* La première est intitulée *Prólogo dirigido a la Sacra, Cessárea, Cathólica Magestad del emperador y rey nuestro señor Carlos quinto deste nombre.* L'auteur se désigne lui-même comme « magnifique chevalier, des environs de Séville ». La seconde est intitulée *Prohemio y prefación de la obra* et interpelle un « chrétien et ami lecteur », « naturel ou originaire des environs de Séville ». Et l'on sait bien que les *praelectiones,* dont les fameuses *Silves* de Politien respectent les conventions, comportent deux parties habituelles, la louange et l'exhortation.

Offrant son livre à l'empereur Charles Quint, Pedro Mexía réclame la puissante attention du prince pour son œuvre. Il compare son geste à celui de célèbres théoriciens et praticiens latins et grecs de l'architecture, de la pêche, du langage, de l'agriculture, qui ont contribué à l'édification réelle, tant dans l'ordre des choses que dans l'ordre des mots, des états et de la gloire de princes puissants[7]. La *Silva,* par homonymie, invention langagière, perception de la ressemblance, de la métaphore, indiquerait donc comment bâtir des monuments, pratiquer la pêche, manier les mots, labourer la terre. Le geste de son auteur s'inscrit dans l'histoire glorieuse d'un prince puissant et, de fait, la louange de Charles Quint, avec l'allusion à des événements politiques et religieux récents, occupe tout le prologue. Mais ce sont l'hispanité de Charles Quint, roi d'Espagne à la mort de son grand-père Ferdinand d'Aragon en 1516, puis élu empereur en 1519, et sa catholicité qui intéressent ici l'auteur sévillan, et non pas son rôle, d'ailleurs malheureux, en Allemagne. Charles ne s'est définitivement installé en Espagne qu'en 1522, après la défaite de la révolution des *Comunidades.* L'unification, à la fois politique et religieuse, de l'Espagne par Charles Quint a coûté beaucoup d'efforts et de luttes. Mexía conclut le prologue en déclarant :

7. Mexía se compare à l'architecte romain Vitruve (Ier siècle av. J.-C.) offrant le *De architectura* à l'empereur Auguste, au poète grec Opianus (IIe siècle) offrant son poème didactique *Halieutica* ou *Sur la pêche* à l'empereur Marc Aurèle, d'origine espagnole, et à son fils Commode, au rhéteur grec et sophiste Julius Pollux (135-188) offrant son *Onomasticon* à Commode devenu empereur, enfin au rhéteur et orateur grec Diophane de Mitylène (IIe siècle av. J.-C.) offrant un livre sur l'art de l'agriculture à Déiotarus (v. 115-40 av. J.-C.), tétrarque de Galatie, allié des Romains qui lui ont reconnu le titre de roi. Cette dernière mention est erronée pour des raisons chronologiques et de contenu de l'ouvrage cité.

« Ma volonté n'a pas été autre que de servir Votre Majesté et rendre compte à Dieu de la part de talent qu'il m'a fait la grâce de me donner, en communiquant ce que j'ai appris par mes lectures à ceux de ma patrie et nation. Si vous prenez cela en considération, je me considèrerai suffisamment payé de toute ma peine. »

Son désir, de tradition humaniste, est de transmettre, aux Sévillans, ceux de sa « patrie », c'est-à-dire de la terre d'où il est né, puis par extension aux Espagnols, ceux de sa « nation », c'est-à-dire de la nation espagnole[8], la culture grecque et latine en langue castillane, revêtue de l'approbation et de l'autorité de l'empereur et roi d'Espagne, premier lecteur. La louange au prince n'a pas d'autre fonction. Telle est la *Silva* de l'auteur sévillan, une communication de lecture, une communication de sens, destinée par homologie à affermir l'Espagne et à glorifier son prince, capable de conjurer les drames qui ont jadis appauvri et divisé l'Espagne.

Rappelons ici que Séville, au temps de Pedro Mexía, porte du Nouveau Monde, est aussi et surtout pour les Sévillans le centre du monde, comme l'expriment bien les ouvrages des différents historiens de la ville : « ... car, en vérité, alors que l'Andalousie et la Lusitanie étaient traditionnellement l'extrémité et la fin de toute terre, une fois les Indes découvertes, Séville en est désormais le milieu... », écrit Tomás de Mercado en 1569.

Lorsque paraît la *Silva de varia lección,* les lettrés sévillans rêvent de faire de leur ville une nouvelle Rome. Ils ont la conviction à la fois politique et philosophique que l'empereur roi d'Espagne, à partir de Séville et de l'Espagne, peut restaurer l'antique Empire romain et l'unité de la foi chrétienne. En 1526, lorsque Charles Quint épouse à Séville sa cousine Isabelle de Portugal, les différentes cérémonies, processions, décorations de la ville, etc., concourent à exprimer ces convictions. Entre 1528 et 1540, la municipalité de Séville, dont fait partie Mexía, se construit un palais « à la romaine », véritable temple de la justice en lequel éléments païens et chrétiens se juxtaposent et que les Sévillans n'hésitent pas à comparer au Sénat de Rome. La cathédrale gothique, commencée au siècle précédent, a été inaugurée en 1507 : les travaux de décoration, ses édifices annexes, en font une œuvre de la Renaissance. Les plus belles maisons sont ornées de statues rapportées d'Italie, leurs toits sont couverts d'allégories mythologiques. D'une façon générale, Séville cherche à donner d'elle-même l'image d'une

8. Le *Tesoro de la lengua castellana o española* de Don Sebastián de Covarrubias Orozco (1539-1613), paru en 1610 à Madrid chez l'imprimeur Luis Sánchez, donne les définitions suivantes : « *Nación.* Del nombre latino NATIO, NIS, vale reino o provincia extendida, como la nación española » ; « *Patria.* La tierra donde uno ha nacido. Es nombre latino PATRIA ».

cité antique, romaine et chrétienne, restaurée. Les fontaines publiques se couvrent de pyramides, d'obélisques, de gueules de lions, de grotesques. Tout ce qui reste de la trame et de la physionomie médiévales et musulmanes de la ville est caché. Séville peut prétendre fonder une Espagne moderne[9].

Dans l'avant-propos, ce sont bel et bien les *naturales y vezinos* de Séville, c'est-à-dire ceux qui sont originaires de Séville ou des alentours, qui constituent ce que l'on pourrait appeler le bon lectorat de l'œuvre de Pedro Mexía, l' « avisé et bienveillant lecteur ». C'est à leur intention qu'il indique quelles sont les références majeures de la *Silva.* La valeur de vérité de la *Silva* est sous le signe de la référence aux auteurs et du réel de leurs écrits : « Dans les langues grecque et latine, de très grands auteurs écrivirent ainsi, comme Athénée, Cecilius Calactinus, Aulu-Gelle, Macrobe et, à notre époque, Pietro Crinito, Ludovico Celio, Niccolò Leonico. »

Les auteurs antiques cités sont des Grecs et des Latins, philosophes, rhéteurs, grammairiens, philologues ; parmi eux, Aulu-Gelle (125-175), auteur des *Noctes Atticae,* et Macrobe (fin IVe-début Ve siècle), auteur des *Commentarii in Ciceronis Somnium Scipionis* et des *Saturnalia,* œuvre destinée à vulgariser les matières les plus diverses, sont fréquemment évoqués par Pedro Mexía dans la *Silva.* Les trois contemporains sont des Italiens, auteurs de recueils en prose de *miscellanea* directement inspirés des Grecs et des Latins : Pietro Riccio ou Crinito (Florence, vers 1465-début du XVIe siècle) a été le disciple de Politien et l'éditeur de ses œuvres, titulaire d'une chaire d'éloquence à Ferrare ; son œuvre *miscellanea* intitulée *Commentarii de honesta disciplina* (Florence, 1504) est une source majeure de la *Silva.* Luigi Ricchieri ou Ludovico Celio Rhodigino (Rovigo, vers 1450-1525) a étudié la philosophie à Ferrare et le droit à Padoue ; son œuvre *Antiquarum lectionum libri XXX* (Venise, 1516 ; Paris, 1517) de caractère encyclopédique, également source importante de la *Silva,* mentionne de nombreux écrivains antiques. Niccolò Leonico Tomeo (Venise 1457-Padoue 1533), d'une famille originaire de Grèce, a étudié à Venise et à Padoue ; enseignant la médecine et la philosophie, il passe pour être le fondateur du courant averroïste à Padoue. Il est l'auteur d'une œuvre *miscellanea* à laquelle se réfère abondamment Mexía, *De varia disciplina libri tres* (Florence, 1524). On remarquera l'emploi dans les titres de ces ouvrages contemporains des

9. Vicente Lleó Cañal, *Nueva Roma : mitología y humanismo en el Renacimiento sevillano,* Sevilla, 1979.

termes *disciplina,* qui évoque l'idée de formation intellectuelle proprement dite, et *lectio,* la « leçon » dans laquelle un professeur aborde par la lecture d'un auteur la présentation du savoir. On remarquera également que Mexía ne cite aucun auteur espagnol dans ses préliminaires et revendique à plusieurs reprises l'originalité et la nouveauté de son écriture en langue castillane[10] :

« Parce que la langue castillane n'est inférieure à aucune autre, je ne sais pas pourquoi nous n'oserions pas porter en elle les inventions qu'il y a dans les autres ni traiter de grandes matières, comme le font en leurs langues les Italiens et les autres nations, puisqu'il ne manque pas en Espagne d'esprits aiguisés et élevés *(agudos y altos ingenios).* »

L'Espagne est désormais le lieu des « inventions » et des « grandes matières » des Grecs et des Latins et des Italiens. En établissant le lien entre les « inventions » portées dans la *Silva* et les « esprits aiguisés et élevés » de l'Espagne, dont Séville assurément ne manque pas, Mexía suggérerait-il qu'il y a un certain ésotérisme dans son propos ? A-t-il une ambition philosophique ? Ses ennemis lui reprocheront précisément de se prétendre philosophe. Mexía déclare avoir pour seule perspective le « bien public ». La notion de « bien public » indique qu'il fait une grande part dans la culture à la philosophie qui contient les notions de justice, de morale, de devoir

10. Il lui arrive de mentionner avec admiration le célèbre érudit et chroniqueur impérial en langue latine, Juan Ginés de Sepúlveda (vers 1490-1573), né à Cordoue, adversaire de Las Casas à propos de la question de la conquête de l'Amérique et des Indiens, ou l'humaniste Juan Luis Vives (1492-1540), né à Valence, également écrivain en langue latine pour son *De tradendis disciplinis,* qui estime que l'historien ne doit pas porter de jugement sur les faits qu'il relate. En revanche il ne parle guère du Castillan franciscain Antonio de Guevara qui a lui-même écrit en langue castillane. Guevara (vers 1480-1545), chroniqueur impérial comme le sera Mexía après lui, est l'auteur d'un *Relox de príncipes,* paru en 1529, et d'*Epístolas familiares* parues en 1539 et souvent fondées sur les mêmes sources que la *Silva,* mais sa perspective, qui est délibérément celle d'un prédicateur et d'un moraliste chrétien, ne saurait être comparée à celle de Mexía. Ce n'est qu'après la mort de Mexía entre 1550 et 1555 que Francisco Thámara, professeur d'humanités à Cadix, traduit ou adapte trois ouvrages qui tracent, comme a voulu le faire l'humaniste sévillan, de larges avenues dans l'immensité du savoir : le *De inventoribus rerum* de Polydore Virgile (1470-1555), secrétaire du duc d'Urbin et chambellan du pape Alexandre VI, dont s'est largement inspiré Mexía, s'attache aux origines de toutes choses dans les domaines les plus variés, de la technique à la religion ; le *Chronicon* allemand de Johann Carion, à partir de la traduction latine de Hermann Bonn, est un manuel d'histoire universelle ; le *Livre des mœurs de toutes les nations* de Joannes Boemus, humaniste compilateur, est à l'origine d'une géographie humaine.

social et politique. Il exhorte donc son lecteur, Sévillan comme nous l'avons vu, à considérer la peine qu'il a prise en écrivant la *Silva,* à lui pardonner ses inadvertances, à tirer le plus grand profit de « la vérité de l'histoire et des choses qui sont traitées ».

A la vérité universelle de la poésie Aristote opposait la vérité particulière de l'histoire, qui est la peinture des choses telles qu'elles se sont passées. L'histoire apparaît dans la *Silva* comme matière à l'élaboration littéraire de l'ouvrage et à la formation des esprits, elle présente un intérêt rhétorique pour le philosophe Pedro Mexía. La *Silva,* éloignée mais non séparée des *Silves* poétiques, juxtaposant de courts récits d'histoire, assume ainsi cette double vérité, universelle et particulière, les faisant communiquer l'une et l'autre, l'une en l'autre. Destinée aux Sévillans, la *Silva* leur assigne ainsi l'art de connaître la vérité et de la mettre en pratique politique et sociale. Tel est le bel usage de la *Silva.* On ne trouve pas ici de distinction entre histoire humaine, histoire naturelle et histoire divine comme chez Jean Bodin.

III. — LA « SILVA DE VARIA LECCIÓN » : UNE ONTOLOGIE DU MULTIPLE

Apte à « fortifier les princes et soulever les esprits en leur faveur », la *Silva de varia lección* est une œuvre indéniablement sérieuse, puisqu'elle est fondée sur des livres de « grande autorité et raison ». Mais, d'emblée, Mexía n'hésite pas à affirmer qu'il y a un usage de la *Silva* caractérisé par le plaisir : c'est une œuvre attrayante dont les propos ne s'allongent pas, « parce que la variété et la brièveté sont habituellement agréables »[11].

La *Silva de varia lección* se développe en quatre parties et cent quarante-sept courts chapitres, fruit original de savantes combinaisons de l'auteur. Si le lecteur peut avoir au premier abord une impression de confusion, une lecture minutieuse montre que l'enchaînement des passages n'est pas dû au hasard mais suit une progression complexe. La *Silva de varia lección* a pour objet des discours thématiques *(propositos)* et ces dicours traitent généralement des questions d'origine et de fondation. Il s'agit de récits géographiques ou politiques, de récits de principes, de questions bien définies qui impliquent des faits, des personnes, des temps, en un mot des « cas » dans toute leur complexité, notamment juridique.

11. Il ne faut pas oublier que diverses œuvres de Sénèque ont été traduites en langue vulgaire par Alonso de Cartagena et Pedro Díaz de Toledo à l'époque de Jean II, et plusieurs fois imprimées avant 1540, et que de nombreuses œuvres apocryphes de cet auteur circulent en Espagne. Plutarque également est particulièrement apprécié.

Une étude détaillée du plan de chaque partie serait trop longue pour être insérée ici. La première partie en quarante-six chapitres est consacrée aux événements primordiaux de l'histoire du monde, aux âges de l'homme et à l'éducation, à l'histoire des langues, à l'art de la parole et de la communication : ici il est question de l'origine du signe de la croix, de l'origine de la guerre, de la fondation et de l'histoire de Constantinople, des origines de Mahomet et de l'islam, de l'origine et de l'histoire de l'empire turc, également des premiers papes, de la fondation et de l'histoire de Rome, etc. La deuxième partie en quarante-cinq chapitres est consacrée aux lignages, aux puissances de la nature et des hommes, aux combats entre les êtres ; de nombreuses histoires portent sur le mariage, les rapports entre hommes et femmes : ici il est question du premier homme qui dompta un lion, de la fondation de l'ordre du Temple, de l'imagination comme la principale et la plus forte puissance intérieure de l'homme, de l'origine et de l'histoire de Pilate, de l'invention des cloches, du déluge, de l'histoire de Tamerlan et de la fondation de son empire, de la date de naissance du Christ, des propriétés des astres, etc. La troisième partie en trente-six chapitres qui, selon Mexía, doit être particulièrement utile aux princes et chefs de guerre, reprend les grands thèmes humanistes de la mémoire, de l'imagination, des facultés et des grandes réalisations humaines : ici il est question de l'origine des lettres et des bibliothèques, de la cause des amitiés et des haines, des origines des doctrines, de l'origine du vin, de la naissance et de l'histoire de Jacques d'Aragon, de l'origine de l'année, de la fondation des sept merveilles du monde, etc. La quatrième et dernière partie en vingt-deux chapitres s'intéresse au principe et à l'origine des choses et des êtres et à la puissance ou à l'autorité qui en découlent, qu'il s'agisse de l'usage des anneaux, de la noblesse, de la traduction biblique des Septante et des textes fondateurs des religions, de la vie humaine, de la sagesse et des sept sages de Grèce, du temps favorable aux entreprises, de la fondation et de l'histoire de Jérusalem, de l'histoire de Florence, de l'origine et de l'histoire des vents.

« La vérité de l'histoire et des choses qui sont traitées » apparaît essentiellement composée. La *Silva* propose une ontologie du divers et du multiple, la variété doit être au principe même de la formation au savoir hérité des Grecs et des Latins du monarque espagnol et des esprits aiguisés et élevés d'Espagne. Mais le lectorat de Mexía est en fait un lectorat d'élite, sévillan. Séville apparaît comme le principe régulateur de la *Silva de varia lección,* cet art politique et langagier, offert à l'empereur. Au centre du monde, en langue castillane, le lecteur sévillan, sujet de Charles Quint, s'apprête à organiser l'univers social et politique, l'univers mental de la monarchie espagnole et de ses États, à composer ses représentations, à atteindre à une connaissance débarrassée de toute idéologie. L'homme de bien sévillan est par excellence citoyen espagnol. La *varia lección* désigne une sagesse qui privilégie le mixte et peut-être le contradictoire, en n'ouvrant sur aucune unité supérieure. Elle fait éclater les systèmes en les juxtaposant. Mexía se fait par la *Silva* l'interprète et le témoin des valeurs philosophiques et politiques de l'Antiquité et de l'humanisme que Séville, porte du Nouveau Monde et nouvelle Rome, propose au monarque espagnol pour fonder définitivement sa puissance et contribuer à l'amélioration du lien social. On remarquera l'importance des récits consacrés à l'histoire des pouvoirs. Par Séville la gloire de Rome rejaillit sur l'empereur, en langue castillane, et elle rejaillit sur Séville, point de convergence des savoirs de l'Ancien Monde et du Nouveau Monde où, depuis six mille ans, affirme Mexía, on s'adonne aux lettres, à la poésie et au droit. Charles, empereur et roi d'Espagne, est le premier souverain de toutes les Espagnes. C'est l'ardeur civique de Mexía, liée à ses connaissances philologiques et historiques, qui explique qu'après avoir écrit la *Silva* il s'attache à rédiger une *Historia imperial y cesárea.*

ÉPILOGUE

Au début de la décennie 1540 où Pedro Mexía compose la *Silva de varia lección,* tout est encore ouvert aux multiples possibles des savoirs, des hommes et du monde, à Séville et en Espagne. Charles Quint s'est éloigné de l'Allemagne ; sa puissance espagnole paraît sans entrave. A Séville la circulation des hommes et des livres, la liberté d'expression, l'absence presque totale de censure favorisent la créativité. Des écoles poétiques, des académies littéraires et scientifiques se développent. Mais à la fin de la décennie l'ombre inquiétante d'un avenir politique et religieux incertain se profile.

Composant les derniers chapitres de la *Silva* alors qu'il est malade et redoute de mourir sans les avoir terminés, Pedro Mexía peut-il comprendre que Séville, où la répression la plus dure s'exerce contre ceux qui ont été jugés « protestants », où les peurs politiques et religieuses commencent à dominer la vie sociale, ne pourra pas tenir le rôle qu'il lui avait désigné ? L'Espagne se ferme peu à peu aux idées de l'humanisme et de la Renaissance, l'Inquisition s'apprête à dominer durablement le pays, Séville s'avance vers sa ruine. Mexía observe, d'après Machiavel, l'échec de la conjuration florentine des Pazzi qui pourtant voulaient être utiles à leur patrie et la mort brutale du grand chef de guerre et stratège italien que Machiavel considère comme l'un des modèles les plus parfaits du Prince, Castruccio

Castracani. Quelle peut être l'utilité politique et sociale de la *Silva de varia lección* quand l'histoire prouve que les savoirs sont voués à l'écoulement et à la disparition ?

L'art de Mexía culmine dans le dernier chapitre de la *Silva* sur les vents. Avec un ésotérisme désormais voulu, il cherche à protéger le trésor d'une culture universelle et le principe de variété qu'il sent menacés. Il y a là le dernier défi intellectuel, l'ultime volupté verbale de celui qui est cosmographe, qui connaît l'origine des vents et leur fin qui rejoint leur origine, comme le montre bien la description qu'il donne de l'image des vents du monde. Mexía mourant s'éprouve exposé au souffle des vents et à la mobilité du monde, il rend compte de la finitude radicale du monde et de l'homme et de l'irréversibilité de la temporalité. Séville, milieu du monde, ne fondera pas l'Espagne moderne sur le principe de *varia lección.* La variété, la différence ont été rejetées par l'empereur. A défaut et comme ultime ressource, Pedro Mexía inscrit dans la *Silva* le doute tragique, déjà inscrit dans la sagesse antique : pour l'homme il n'est rien de sûr, tout fluctue, tout s'écoule.

La *Silva de varia lección* entre en littérature. Alors qu'elle découvrait la *varietas* créatrice d'un monde meilleur, divers et universel, contradictoire, multiple, elle est essentiellement reconnue comme fiction. Elle poursuit durant quelques siècles en Espagne et dans les mondes ancien et nouveau sa vie de littérature, pour le plus grand plaisir des curieux, et non plus seulement des esprits aiguisés et élevés de Séville. Ses pages de titre portent toujours : « en laquelle se traitent beaucoup de choses, très plaisantes et très curieuses ». Mêlant poésie, philosophie, histoire, rhétorique proprement dite, délibération politique, elle devient une fin en soi comme agrément et non comme science.

Dominique DE COURCELLES,
Centre national de la recherche scientifique-
C.E.R.P.I.I.

LA RÉVISION DES SAVOIRS ET LA QUESTION DE LA DIFFÉRENCE SEXUELLE

par

GISÈLE MATHIEU-CASTELLANI

Dans la construction du savoir, continuité et ruptures composent une dialectique subtile ; pour envisager ce que Dominique de Courcelles a heureusement appelé la « fondation des savoirs » aux XVe, XVIe et XVIIe siècles, il serait aussi vain de céder au mythe de l'*initium* en effaçant les traces des acquis et des traditions, que de réduire les nouveautés au seul *aggiornamento,* à une simple toilette des héritages. La notion de « Renaissance » *(renascentes litterae)* — même si, on l'a souvent remarqué, l'appellation est impropre : ne peut renaître que ce qui est mort, et les lettres ne sont certes pas mortes durant les siècles de l'aussi mal nommé Moyen Age ! — implique du reste à la fois par son sème principal une inauguration, et par son préfixe un recommencement. Comme si, par un geste d'effacement de la littérature nationale des siècles antérieurs, et de réanimation des littératures antiques classiques, l'humaniste souhaitait déclarer, dans son « insolente ardeur d'exclure » comme disait Nerval, sa véritable filiation, préférant les vénérables ancêtres au père indigne...

Les érudits et les savants de la Renaissance, tout en opérant un retour aux cultures antiques, élaborent en effet les grands principes de la culture humaniste des temps modernes en fondant leur réflexion sur une intense activité critique[1] : ils imposent ainsi un réexamen des modalités de la connaissance, et une révision des savoirs qui ne se confond pas avec un retour aux savoirs anciens, même si elle prend appui sur eux. Le vaste chantier qui s'ouvre alors en Europe opère, on le sait, mainte transformation dans le champ des repré-

1. Qui a comme on sait des objets fort divers : examen critique des manuscrits pour l'établissement des textes, commentaires grammaticaux et littéraires, critique de la doxa et des opinions, des mœurs et coutumes, etc.

Fonder les savoirs, fonder les pouvoirs, XVe-XVIIe siècle : actes de la journée d'étude... (Paris, 8 avril 1999), éd. Dominique de Courcelles, Paris, 2000 (*Études et rencontres de l'École des chartes,* 6).

sentations : la question de la différence sexuelle n'est cependant pas, au premier regard, au centre des nouveaux discours humanistes ; néanmoins, même si elle apparaît d'abord comme subsidiaire, et encore tributaire des traditions antiques et médiévales, elle se trouvera bientôt posée en termes nouveaux, et contribuera à ébranler les cadres épistémologiques (théologiques et cosmologiques), dans lesquels elle a été si longtemps pensée.

La Renaissance européenne, accordant un accès plus aisé au monde de la culture à quelques classes privilégiées, aristocratiques ou bourgeoises, fut, nous dit-on, l'époque de la promotion de la femme[2]. A l'espèce de « révolution quantitative » qui se marque dans le développement de l'instruction[3] correspond une acculturation des dames de l'aristocratie et de certains milieux bourgeois humanistes, comme ceux de l'imprimerie, et cette nouvelle « culture féminine » fait l'objet d'un vif débat qui oppose les « ténébreux mysogynes » raillés par Pontus de Tyard et les défenseurs de l'honneur des dames, comme François Billon.

La science et la doctrine sont-elles accessibles à « l'âme » des femmes ? On dirait qu'elles suscitent surtout l'ironie masculine :

> « [*Les savants*] en ont en ce temps entonné si fort les cabinets et oreilles des dames que, si elles n'en ont retenu la substance, au moins elles en ont la mine : à toute sorte de propos et matière, pour basse et populaire qu'elle soit, elles se servent d'une façon de parler et d'écrire nouvelle et savante [...] et allèguent Platon et saint Thomas aux choses auxquelles le premier rencontré servirait aussi bien de témoin. La doctrine qui ne leur a pu arriver en l'âme, leur est demeurée en la langue »[4].

2. « Il y eut plus de femmes cultivées au XVIe siècle qu'à nulle autre époque antérieure [...]. Si on nous décrit, au début du XVIe siècle, un pays où l'on donne la même instruction aux enfants des deux sexes, ce pays est imaginaire et s'appelle « Utopie ». Mais la preuve était déjà faite que des femmes d'élite, dont on avait orné l'esprit dans le milieu familial, pouvaient être aussi instruites et posséder autant de sens artistique que les hommes. [...] Divers témoignages nous assurent qu'une élite féminine avait maintenant accès à la culture. » Jean Delumeau, *La Civilisation de la Renaissance*, Paris, Arthaud, 1967, p. 430, 435 et suiv. Pour des exemples précis, voir Évelyne Berriot-Salvadore, *Les Femmes dans la société française de la Renaissance*, Genève, Droz, 1990.

3. « La Renaissance provoqua une révolution quantitative dans le domaine de l'instruction, car la diffusion d'un enseignement, qu'on qualifierait aujourd'hui de secondaire, s'accrut alors considérablement. Mais ce furent les classes aisées — une noblesse qui se renouvelait par le bas et une bourgeoisie sans cesse plus importante — qui profitèrent surtout de cette distribution élargie du savoir. » J. Delumeau, *La Civilisation...*, p. 430.

4. Michel de Montaigne, *Essais*, III, III, *De trois commerces*, éd. Villey-Saulnier, Paris, PUF, 1965, p. 822. Je modernise l'orthographe, comme pour toutes les autres citations.

Le bénéfice des bonnes lettres si heureusement restituées doit-il échapper au sexe féminin ? Embrassant avec ardeur « la cause des femmes », Hélisenne de Crenne s'en prend dans sa *Quatrième épître invective* à Élenot, « lequel excité de présomption téméraire, assiduellement contemnait les dames qui au solacieux exercice littéraire se veulent occuper » :

« Et parlant en général tu dis que femmes sont de rudes et obnubilés esprits : par quoi tu conclus que autre occupation ne doivent avoir que le filer : Ce m'est une chose admirable de ta promptitude, en cette détermination. J'ai certaine évidence par cela (que si en ta faculté était) tu prohiberais le bénéfice littéraire au sexe féminin : l'impropérant de n'être capable des bonnes lettres »[5].

De ces résistances masculines témoigne par exemple le dialogue du sot abbé avec dame Ysabeau, cité ici dans la traduction que donne Marot d'un colloque d'Érasme, qui résume plaisamment les arguments *pro* et *contra :*

YSABEAU

Mais bien je vous demanderai
Pourquoi mes livres fâchent tant
A votre vue.

L'ABBÉ

Pour autant
Que la quenouille, et le fuseau,
Sont armes de femmes.

YSABEAU

Tout beau :
La femme ne doit-elle point
Gouverner sa maison à point,
Instruire ses enfants ?

L'ABBÉ

Si fait.

YSABEAU

Et pensez-vous qu'un tel effet
Se puisse mener sans prudence ?

L'ABBÉ

Nenni vraiment, comme je pense.

YSABEAU

Afin qu'averti en soyez,

5. *Les Epistres familières et invectives* (1539), éd. J. Nash, Paris, Champion, 1996, p. 150.

Les livres que vous me voyez
Me font telle chose connaître[6]...

Il est surtout significatif que dans son *Oraison funèbre* de Marguerite de Navarre (1550), Charles de Sainte-Marthe se sente tenu de justifier la culture et l'érudition de la reine, et son goût pour les lettres :

« Il y en a qui diront que cela est aliène de l'office et état de la femme, et pour cette cause ils blâmeront ce que nous tournons à grand honneur et estimons fort en Marguerite, mais nous avons notre réponse prête. Car autrefois il y en eut d'autres, qui ont été aveuglés de pareille cécité et sont tombés en même fosse d'erreur et de témérité, voulant par un édit censorien défendre aux femmes l'étude de Philosophie.

Mais, quoi que ne puissant nier qu'il y a certaines choses propres aux hommes, comme de conduire une armée, gouverner une République, orer en public, et d'autres qui appartiennent aux femmes, comme de garder la maison [...], toutefois personne aussi ne niera [...] qu'il y a pareillement d'autres choses qui sont communes tant à la femme qu'à l'homme [...]. S'il en est ainsi, pourquoi ne sera-t-il donc permis aux femmes de puiser en la commune fontaine, qui sont les livres... ? »[7].

Encore ce qui est tolérable de la part d'une reine ou d'une grande dame est-il communément refusé à la bourgeoise, et même à la demoiselle de moyenne condition, comme le rappelle vigoureusement Agrippa d'Aubigné à ses filles, en homme soucieux de préserver la paix des ménages et les prérogatives de l'époux :

« Je viens à vous dire mon avis de l'utilité que peuvent recevoir les femmes par l'excellence d'un tel savoir : c'est que je l'ai vu presque toujours inutile aux Damoiselles de moyenne condition, comme vous, car les moins heureuses en ont plutôt abusé qu'usé : les autres ont trouvé ce labeur inutile, essayant ce que l'on dit communément, que quand le rossignol a des petits, qu'il ne chante plus. Je dirai encore qu'une élévation d'esprit démesurée hausse le cœur aussi, de quoi j'ai vu arriver deux maux, le mépris du ménage et de la pauvreté, celui d'un mari qui n'en sait pas tant, et de la dissension. Je conclus ainsi, que je ne voudrais aucunement inciter au labeur des lettres autres que les Princesses qui sont par leur condition obli-

6. Clément Marot, *Colloque de l'abbé et de la femme sçavante*, dans id., *Œuvres poétiques*, éd. G. Defaux, Paris, Garnier, t. II, 1993, p. 518-519.

7. Charles de Sainte-Marthe, *Oraison funèbre de Marguerite de Navarre*, dans Marguerite de Navarre, *L'Heptaméron*, éd. Le Roux de Lincy et Montaiglon, Paris, Eudes, t. I, 1880, p. 76-77.

gées au soin, à la connaissance, à la suffisance, aux gestions et autorités des hommes, c'est là où le savoir peut réussir comme à la reine Élisabeth »[8].

Montaigne, souhaitant réduire l'accès des dames bien nées aux seules sciences moralement utiles ou agréablement futiles, l'histoire, la philosophie morale, la poésie, « art folâtre et subtil, déguisé, parlier, tout en plaisir, tout en montre, comme elles »[9], partage l'élitisme de ses contemporains :

« Madame, c'est un grand ornement que la science, et un outil de merveilleux service, notamment aux personnes élevées en tel degré de fortune, comme vous êtes. A la vérité, elle n'a point son vrai usage en mains viles et basses »[10].

La question de l'éducation des femmes, si souvent soulevée depuis Platon[11], bien posée par l'humaniste Juan Luis Vives[12], « s'il est expédient à femmes savoir lettres et les érudier et instruire en lettres et sciences », devenue l'objet de mainte réflexion critique, de Christine de Pizan à Hélisenne de Crenne, François Billon, ou Marie de Gournay, est évidemment liée à celle de leur rôle dans la société. Montaigne doit d'ailleurs bien convenir que l'éducation et les rôles assignés par l'instance sociale font toute la différence entre mâles et femelles :

« … je dis que les mâles et femelles sont jetés en même moule : sauf l'institution et l'usage, la différence n'y est pas grande. Platon appelle indifféremment les uns et les autres à la société de tous études, exercices, charges, vacations guerrières et paisibles, en sa république ; et le philosophe Antisthène ôtait toute distinction entre leur vertu et la nôtre »[13].

Mais la question de la différence sexuelle, avant d'être posée en termes de société, de droit, de psychologie, de morale, ou d' « institution », incite d'abord les humanistes de la Renaissance à un réexamen (parfois critique)

8. Agrippa d'Aubigné, « A mes filles touchant les femmes doctes de notre siècle », dans id., *Œuvres*, éd. H. Weber, Paris, Gallimard, 1969 (*Bibl. de la Pléiade*), p. 854.

9. M. de Montaigne, *Essais*, III, III, p. 823.

10. *Ibid.*, I, XXVI, *De l'institution des enfants*, p. 149.

11. Au livre V de la *République*, souvent allégué par les avocats de la cause des femmes, Socrate soutient la nécessité de donner aux femmes les mêmes fonctions et la même éducation qu'aux hommes (451 *d* et suiv.).

12. Dans le *De institutione foeminae christianae* (première traduction française par P. de Changy en 1542, puis traductions de Grévin en 1558 et de L. Turquet de Mayerne en 1580).

13. M. de Montaigne, *Essais*, III, V, *Sur des vers de Virgile*, p. 897.

des Écritures, et notamment de saint Paul, qui théorise la soumission de la femme[14]. Le débat sur la dignité de la femme fait écho aux thèmes apologétiques de la *dignitas hominis,* et il engage alors des « disputes » théologiques et métaphysiques ; il interroge aussi par là l'épistémè humaniste et ses postulats, car son cadre épistémologique est alors celui de l'anthropologie et de la cosmologie de la Renaissance.

I. — Le cadre apologétique

L'anthropologie s'inscrit alors dans une vision théologique, et plus précisément apologétique ; au nombre de ces grands débats idéologiques qui agitent le monde des humanistes européens, la question de la *dignitas* ou de la *miseria hominis* est centrée sur la place de la créature dans l'ordre de l'univers, sur sa situation dans l'échelle des êtres, tandis que la dialectique chrétienne, tenant les deux bouts de la chaîne, tente de concilier les contraires en rapportant la misère au péché et à l'absence de grâce, la grandeur à la qualité de la créature, faite à l'image de Dieu, *res supra fidem* selon Pic de La Mirandole. Mais l'homme reste-t-il encore au centre du monde, sur la planète Terre seule habitée, à l'heure où les découvertes scientifiques ébranlent les postulats métaphysiques ? L'éminente dignité du fils d'Adam n'apparaît plus toujours aussi assurée.

L'épineuse question de la condition féminine semble se poser dans le cadre d'une autre dispute, la « querelle des Femmes », qui met en œuvre une autre problématique[15]. Quand se ranime ce que François Billon, le champion de l'honneur des dames, appelle « cette vieille et odieuse Guerre des deux sexes », elle paraît se borner à opposer défenseurs et adversaires de l'excellence du sexe féminin, dont *Le Fort inexpugnable de l'honneur du sexe fémenin*[16], critiquant la misogynie de Rabelais (entre autres), reproduit les propos et les opinions, tout en soutenant avec une ardeur belliqueuse le parti des dames :

14. Épître aux Éphésiens 5, 22 ; I Timothée 2, 11-12 ; Colossiens 3, 18 ; I Corinthiens 11, 3.

15. Voir l'article récent de Margarete Zimmermann, « Querelle des Femmes, querelles du livre », dans *Des femmes et des livres : France et Espagnes, XIVe-XVIIe siècle*, éd. D. de Courcelles et C. Val Julián, Paris, École des chartes, 1999, p. 79-94.

16. François Billon, *Le fort inexpugnable de l'honneur du sexe femenin* (1555), réimpr. dir. M. A. Screech, S. R. Publishers/Johnson Reprint Corporation/Mouton, 1970.

« Plusieurs maintenant piqués de l'aiguillon d'Envie, au mépris des personnes et choses qui leur ont au besoin donné plus grand secours : plus tôt, je crois, d'eux-mêmes iraient semer sots propos en chacun lieu, qu'ils ne trouvassent les moyens de mettre en évidence, tant par paroles de langue trop effrénée, que par élégants traits d'Écriture, leur félonne conception sur quelque cas imaginée. Ce que souvent ils font de la très noble, gracieuse et plus que nécessaire Condition des Femmes : Abusant ainsi de l'honorable humilité d'elles, quand ils s'efforcent d'imprimer au cerveau d'autrui, la fragilité de tout leur Sexe être telle, que capacité de Science et vertu ne s'y puisse trouver, ni pareillement aucune excellence de Noblesse : et que cette Féminine Condition, au regard de la masculine, est Variable, Indiscrète, Obstinée, Incorrigible, Pusillanime, et (qui plus est) Imparfaite par erreur de Nature, voire et contre ce que devrait icelle nature. »

Les avocats qui soutiennent la cause de la dignité ou de l'indignité du sexe féminin, de sa supériorité ou de son infériorité, inscrivent toutefois obliquement leur plaidoirie ou leur réquisitoire dans le cadre théologique ; il est significatif que la référence la plus communément alléguée, de Marguerite de Navarre à Marie de Gournay, soit celle des Épîtres de Paul, où la soumission de la femme à son chef est dite analogue à celle de l'Église au Christ (I Cor. 11. 3). C'est bien à la lumière d'une controverse théologique que s'éclaire la discussion sur le deuxième sexe :

« Sans qu'ils puissent croire ou confesser, qu'au contraire de cette ingrate opinion, ou (pour mieux dire) Frénésie, il n'y a rien au monde plus proche de vérité, que le grand Formateur de l'univers, Père et bon Pasteur de l'un et l'autre Sexe, par son Amour, Sapience et Puissance, créa l'Homme semblable à soi Mâle et Femelle : la différence de quoi n'est connue sinon ès parties corporelles, esquelles était requise la nécessaire diversité pour l'usage de la génération : donnant à l'un et à l'autre semblable et même force d'Ame, de sorte qu'entre icelles Ames n'y a différence de Sexe. La Femme a le pareil entendement de l'Homme, la même raison, la formelle parole, aspirant tous deux également à une félicité... »[17].

De même, dans les *Dialogues* de Tahureau (1565), l'échange entre le Cosmophile et le Démocritic à propos du sexe féminin et de ses capacités ne peut éviter la référence théologique :

« LE COSMOPHILE. Il semblerait presque à t'ouïr parler que Dieu faillit, quand il créa la femmes, qui serait aller tout au contraire de la vérité, car selon Dieu, si la femme n'est plus parfaite que l'homme, pour le moins elle le doit égaler.

17. *Ibid.*, fol. 2.

LE DÉMOCRITIC. Puisque tu es entré sus les termes de la Théologie, encore que je ne m'y sois pas beaucoup rompu la tête, si est-ce que je te prouverai bien par icelle la femme être plus imparfaite que l'homme »[18].

Voici encore que dans une de ses *Lettres familières,* Étienne Pasquier porte ironiquement attention au débat sur les origines ; il rapporte une « bouffonnerie » entendue dans un salon, « deux narrations fabuleuses » de l'origine simiesque de la femme, ou de l'homme : la première faite par un hardi gentilhomme qui, s'appuyant sur « un vieil Thalmudiste », prétend que « comme l'homme est mitoyen entre les dieux et la femme, aussi semble la femme l'être entre l'homme et les pygmées et singes » ; la deuxième apportée en réponse par une sage demoiselle, qui, s'appuyant à son tour sur le témoignage « d'un autre Rabbi », assure que « l'homme, ayant été enté sur l'arbre des singes, en a toujours retenu la nature » ; renvoyant dos à dos les adversaires, Pasquier situe le débat dans sa vraie dimension, sa dimension théologique, et il allègue la caution du sage Salomon, « quand en peu de paroles il nous enseigna que sous cette grande voûte du ciel tout était plein de vanité » :

« Laissons cet mot de singerie à ceux qui, par occasion, sous deux narrations fabuleuses, voulurent représenter l'infirmité qui héberge en nous, et demeurons aux termes du grand Salomon. Qu'est-ce, je vous prie, que ce bas monde ? Une mélange générale de vanité ; j'ajouterais volontiers avec celui qui fit l'épitaphe d'Adam de Saint-Victor, qu'entre toutes les vanités il n'y en a point de plus grande que celle de l'homme :

Omnia vana,
Inter vana nihil vanius est homine »[19].

« Sous l'écorce d'une fable, nous découvrons la vérité »[20] : l'anecdote et son commentaire attestent pour Pasquier que « les propos [...] sur les singularités tant du corps que de l'esprit, qui se trouvent ordinairement aux dames » ne trouvent leur « vérité » qu'à la lumière du postulat théologique de la vanité.

De la même manière, lorsque les devisants de l'*Heptaméron*[21] disputent

18. Jacques Tahureau, *Les Dialogues*, éd. F. Conscience, Paris, A. Lemerre, 1870, p. 10.
19. Étienne Pasquier, *Lettres familières*, éd. D. Thickett, Genève, Droz, 1974, p. 263.
20. *Ibid.*, p. 259.
21. Marguerite de Navarre, *L'Heptaméron*, éd. M. François, Paris, Garnier, 1966. L'indication des pages renvoie à cette édition.

des « qualités respectives » de l'homme et de la femme, ils s'accordent pour reconnaître une même ordure au cœur des deux sexes ; la différence des sexes alors s'efface devant leur commune inanité :

« Le vice est commun aux femmes et aux hommes » (N. 38, p. 272).

« Sans faire tort à nul, pour bien louer à la vérité l'homme et la femme, l'on ne peut faillir de dire que le meilleur n'en vaut rien » (N. 45, p. 307).

« ... car, pour faire conclusion du cœur de l'homme et de la femme, le meilleur des deux n'en vaut rien » (N. 21, p. 175).

« Et les hommes et les femmes sont communs aux vices et aux vertus » (N. 36, p. 263).

Une lecture rapide de la Genèse, qui sera contestée dès le début du XVIe siècle, laisse entendre que, si la femme est née d'une côte de l'homme, c'est qu'elle n'est qu'une infime partie d'Adam, sa mauvaise part : Antoinette Fouque est fondée à s'étonner que, encore aujourd'hui, cette « genèse à l'envers [...] n'étonne toujours pas grand-monde »[22] ! Sauf Corneille Agrippa, qui prétend au contraire trouver dans les Écritures les plus sûrs indices — géographiques, linguistiques — de l'excellence du sexe féminin :

« Si nous fouillons (comme on dit) les Écritures et si, ce faisant, nous commençons, ainsi que le bon sens nous y convie, par le début de la Genèse, nous nous heurtons d'emblée à un obstacle majeur : rien ne nous y est en effet révélé de la dignité de la femme, et de sa prééminence sur l'homme dans l'ordre primitif de la création. Rien vraiment ? Vérifions »[23].

Cependant au-delà des échos que suscite la « querelle des Femmes » et du choc des polémiques, la représentation du féminin qui est alors mise en question met en question aussi la vision du monde humaniste, et son système d'analogies différentielles.

II. — Le cadre cosmologique

A la Renaissance il est en effet impossible de répondre à la question du statut et de la qualité du sexe féminin sans prendre en compte le cadre

22. A. Fouque, « Il y a deux sexes », dans *Lectures de la différence sexuelle*, Éd. des Femmes, 1994, p. 293.

23. H. Corneille Agrippa, *De la supériorité des femmes*, texte traduit du latin, présenté et annoté par B. Dubourg, Paris, Devry, 1986, p. 37.

conceptuel qui organise la vision du monde : un double système de ressemblances et de différences règle la position du microcosme par rapport au macrocosme, dont il est le reflet dégradé, et, à l'intérieur du microcosme, la position de l'homme par rapport à la femme.

Car la question de la différence sexuelle s'inscrit très précisément à l'intérieur du système qui organise le monde, ses quatre éléments (Eau, Terre, Feu, Air), et ses quatre propriétés fondamentales (humide, sec, chaud, froid), selon un schéma de similitude différentielle, où chaque élément a deux propriétés fondamentales : la Terre, froideur et sécheresse ; l'Eau, froideur et humidité ; le Feu, chaleur et sécheresse ; l'Air, chaleur et humidité.

La ressemblance règle la différence : froide *comme* l'eau, la terre est sèche *comme* le feu ; l'air, chaud *comme* le feu, est humide *comme* l'eau ; l'eau, froide *comme* la terre, est humide *comme* l'air ; le feu, chaud *comme* l'air, est sec *comme* la terre... Et c'est encore l'analogie qui permet de penser, sur le même modèle, aussi bien le cycle des saisons que le rôle des humeurs entrant en composition dans le corps, ou la nature des maladies.

La différence des sexes est l'exact reflet de cette structure : l'Homme est un composé de sec et de chaud, comme le feu, la flamme ; la femme un composé de froid et d'humide, comme l'eau, la mer[24]. Le principe masculin, le feu, le principe féminin, l'eau, s'opposent ainsi dans le commerce amoureux :

> Tu es l'astre du froid et des humidités
> Et les eaux de la mer te suivent de nature,
> De là sort ton dédain, ta glace, ta froidure,
> Et les flots de mes pleurs suivent tes volontés,
> Dont je suis ébahi, qui fait que cette flamme
> Qui n'a autre vigueur que des feux de mon âme,
> N'a pu être amortie au milieu de tant d'eaux[25].

L'ordre du monde se fonde, certes, sur la complémentarité des éléments, puisque la vie est produite par l'alliance de l'humide et du chaud, soit d'un principe féminin et d'un principe masculin, tandis que la mort associe du sec et du froid, soit un principe masculin et un principe féminin. Mais si reconnaître la complémentarité n'est pas admettre l'égalité, bien au

24. Plutarque, dans la première de ses *Questions romaines,* rappelle que les éléments ou premiers principes sont le feu, masculin, et l'eau, féminine.

25. A. d'Aubigné, *L'Hécatombe à Diane*, sonnet LXXXVIII.

contraire[26], un principe hiérarchique perturbe en outre l'apparent équilibre élémentaire.

La complémentarité, en effet, devient subtilement facteur d'inégalité, dans la mesure où le système de la différence sexuelle intègre de surcroît un ensemble de notions conventionnellement marquées, et porteuses de valeurs symboliques : le haut et le bas, la droite et la gauche, l'extérieur et l'intérieur. Le haut, la droite, l'extériorité définissent la « nature » de l'homme ; le bas, la gauche, l'intériorité, celle de la femme. Au Moyen Age, la femme enceinte qui « porte » son fœtus en bas, à gauche, est censée devoir enfanter une fille, le garçon se portant en haut, à droite ; Barthélemy l'Anglais (XIIIe siècle) assure que la matrice a deux chambrettes : « la dextre en quoi le fils est conçu, et la senestre en quoi la fille est conçue, et si un enfant est conçu entre ces deux chambrettes, il a nature d'homme et de femme. » Même si un Laurent Joubert compte au nombre des *Erreurs populaires* (1578-1587) une telle... conception, le côté droit et le côté gauche restent encore dans l'imaginaire collectif associés respectivement au masculin et au féminin[27]. Ambroise Paré, dans ses *Monstres et prodiges* (1573), rappelle encore que, selon l'enseignement d'Aristote, le véritable hermaphrodite a deux tétins dissemblables, le *gauche* tétin de femme, le *droit* tétin d'homme ; et que la femme a *à l'intérieur* tous les organes que l'homme porte *à l'extérieur.*

L'opposition de l'intérieur et de l'extérieur ne rend pas compte seulement de la différence biologique ; elle fonde aussi la répartition des rôles en désignant les espaces que l'instance sociale réserve à chaque sexe, comme le posait déjà l'*Économique* de Xénophon (VII, 22, 30, 35)[28] : l'espace fémi-

26. Le pape Jean-Paul II, dans une *Lettre aux femmes* rendue publique le 10 juillet 1995, souligne la complémentarité entre l'homme et la femme, et affirme qu'ils jouissent d'une égale dignité et des mêmes droits, *mais* que leurs « fonctions » ne *doivent* pas être identiques : vouloir que la femme fasse tout ce que fait l'homme est aller contre la volonté divine, qui, par exemple, interdit à la femme le sacerdoce ; on sait du reste que les Églises protestantes sont sur ces points beaucoup plus égalitaires, et depuis longtemps. On constate encore aujourd'hui que l'intégration de la femme dans la vie politique, sociale, économique, serait éventuellement mieux acceptée que l'égalité « essentielle ». Comme le disait à peu près Sacha Guitry : « Je serais tout prêt à admettre la supériorité des femmes, si seulement elles voulaient bien ne pas se croire nos égales ! »

27. C'est ainsi que dans l'église de mon village, en Corse, les femmes se placent à gauche, les hommes (qui restent d'ailleurs plus volontiers à l'extérieur, devant la porte) à droite. Le curé (polonais) trouve cette division excellente.

28. La nature de la femme est adaptée aux travaux et aux soins de l'intérieur, celle de l'homme à ceux de l'extérieur (22) ; il est plus convenable que la femme reste à la

nin du dedans, la maison, le foyer, le « ménage », qu'emblématise la quenouille, l'espace masculin du dehors, la société, la politique, les affaires. Défenseur du sexe féminin sottement méprisé par « les ténébreux Misogynes », « aux fronts armés de sourcils non piteux », Pontus de Tyard, sous l'habit du Solitaire, fustige les « Thucydides de ce temps », qui « confinent le nom et la louange [*des dames*] autant loin de toutes oreilles, comme leur odieuse et inique impériosité resserre les personnes à l'obscur des domestiques murailles, et dedans le clos des chambres solitaires »[29]. Lorsque Desmarets de Saint-Sorlin, au siècle classique, s'en prend vertement au « siècle de Ronsard, dans lequel les Dames faisaient les savantes », il « théorise » aussi la séparation des pouvoirs à l'intérieur du couple dans les *Préceptes de mariage de saint Grégoire de Nazianze :*

> Que l'époux *au dehors* poursuive ses affaires
> Avec ses soins prudents ;
> Et l'épouse occupée aux emplois ordinaires
> Ait le soin *du dedans*[30].

La hiérarchie qui situe dans l'échelle des êtres la femme en bas, l'homme en haut, est « prouvée » par l'exemple si souvent allégué, comme chez Ambroise Paré, de la métamorphose sexuelle : la femme étant un être imparfait, inachevé, « pas toute », comme disait spirituellement Lacan, elle peut bénéficier à titre exceptionnel d'une métamorphose en homme, si ses organes intérieurs (pareils aux organes extérieurs masculins) parviennent à s'extérioriser ; le cas bien connu de Marie Germain, « lequel tous les habitants de là [*Vitry-le-François*] ont connu et vu fille, jusques à l'âge de vingt-deux ans, nommée Marie », et qui suscite un commentaire amusé chez Montaigne :

« Faisant, dit-il, quelque effort en sautant, ses membres virils se produisirent : et est encore en usage, entre filles de là, une chanson, par laquelle elles s'entravertis-

maison (30) ; elle doit rester à la maison et surveiller les domestiques (35). L'*Économique* a été traduit par É. de La Boétie, *La Mesnagerie de Xénophon*, et publié en 1571 par les soins de Montaigne. Voir l'article de J. O'Brien dans *La Boétie* (colloque, Duke University, mars 1999), publication en cours par les soins de Marcel Tetel.

29. Pontus de Tyard, *Solitaire premier* (1552), éd. Baridon, Genève, Droz, 1950, *Dédicace*, p. XXIV et XXI.

30. Desmarets de Saint-Sorlin, « Préceptes… », dans id., *Œuvres chrestiennes*, Paris, 1641, p. 99.

sent de ne point faire de grandes enjambées, de peur de devenir garçons, comme Marie Germain »[31],

a évidemment retenu l'attention de Paré :

« Or ayant atteint l'âge susdit [*15 ans*], comme il était aux champs, et poursuivait assez vivement ses pourceaux qui allaient dedans un blé, trouvant un fossé le voulut affranchir : et l'ayant sauté, à l'instant se viennent à lui développer les génitoires et la verge virile, s'étant rompus les ligaments par lesquels auparavant étaient tenus clos et enserrés (ce qui ne lui advint sans douleur) et s'en retourna larmoyant en la maison de sa mère, disant que ses tripes lui étaient sorties hors du ventre : laquelle fut fort étonnée de ce spectacle. »

La doxa présente bien volontiers cette métamorphose qui illustre à merveille son postulat de l'imperfection féminine, tout en répétant qu'on n'a jamais vu un homme devenir femme, « dégénérer » en femme, car la nature vise toujours au plus parfait, comme le rappelle fermement Paré, assurant à la suite d'Aristote que « Nature ne tend jamais à engendrer femelle ains toujours un mâle, comme le plus parfait » :

« La raison pourquoi les femmes se peuvent dégénérer en hommes, c'est que les femmes ont autant de caché dedans le corps, que les hommes découvrent dehors : reste seulement qu'elles n'ont pas tant de chaleur, ni suffisance pour pousser dehors ce que par la froidure de leur température est tenu comme lié en dedans. Parquoi si avec le temps, l'humidité de l'enfance qui empêchait la chaleur de faire son plein devoir étant pour la plupart exhalée, la chaleur est rendue plus robuste, âcre et active, ce n'est chose incrédible qu'icelle, principalement aidée de quelque mouvement violent, ne puisse pousser dehors ce qui était caché dedans. Or comme telle métamorphose a lieu en nature par les raisons et exemples allégués : aussi nous ne trouvons jamais en histoire véritable que d'homme aucun soit devenu femme, pour ce que Nature tend toujours à ce qui est le plus parfait, et non au contraire faire que ce qui est parfait devienne imparfait »[32].

François Billon, posant que « l'Homme sans la Femme ne serait et n'est que demi fait »[33], n'oublie certes pas de répondre aux contempteurs du sexe féminin qui prétendent que la femme n'est pas « parfaite » et reste « quelque étrange Monstre » :

31. M. de Montaigne, *Essais*..., I, XXI, p. 99.
32. A. Paré, *Des monstres et prodiges*, Paris, 1575, chap. VII, p. 118.
33. F. Billon, *Le Fort inexpugnable*..., fol. 5.

« Tout ainsi, qu'un Rocher ne fut onc plus parfaitement Rocher qu'un autre quant à son essence, aussi soutenir ne se peut, qu'un Homme soit plus parfaitement Homme qu'un autre, et par conséquent, que le Mâle (quant à sa matérielle substance) soit plus parfait que la Femelle : pour autant que tous deux sont respectivement compris sous espèce d'Homme. De sorte que tout ce que l'on peut penser de différence de l'un à l'autre, est chose Accidentale, et non Essentialle. Et pour cette cause la Femme se trouve autant parfaite par nature que l'Homme »[34].

Mais pour n'être pas tout à fait isolée, sa voix dans le concert reste couverte par celle des Autorités : si pour Aristote la femme est un mal nécessaire (nécessaire pour la génération), saint Thomas d'Aquin précise à son tour dans sa *Somme naturelle,* quelque dix-sept siècles plus tard, que cette nécessité ne fut pas commandée *in adjuditorium viri,* car pour aider l'homme *(vir)* rien ne vaut un homme, *sed in adjuditorium generationis,* et que la reproduction d'ailleurs n'est pas l'*opus vitae nobilius..., quod est intellegere*[35].

L'ensemble de postulats qui organise la vision du monde et de l'homme situe la question de l'égalité, de l'infériorité ou de la supériorité du sexe féminin dans le cadre épistémologique et idéologique de la cosmologie, gouvernée par le principe d'analogie. Aussi la différence sexuelle, question subsidiaire pour l'anthropologie et l'apologétique, lorsqu'elle est pensée dans le système de la cosmologie, semble-t-elle d'abord ne pouvoir se détacher de ces cadres autoritaires pour être envisagée dans sa véritable dimension. Néanmoins, à partir de Corneille Agrippa et de quelques autres, un nouveau discours ébranle les cadres traditionnels, pour tenter de faire entendre une argumentation raisonnée : la délibération sur le statut du sexe féminin et sa place dans le monde, dans l'histoire et la société, qui s'illustre par la vivacité des propos et la vigueur des controverses, convoque à la barre du tribunal où se jugeront les capacités de l'*autre sexe* tout un cortège d'arguments, de lieux communs et d'exemples où se combinent bribes de savoir, anciennes superstitions, et acquis récents, opinions nouvelles.

III. — Le nouveau discours et ses modalités

Les thèses féministes qui, depuis le *Livre de la cité des Dames* (1405) de la pionnière Christine de Pizan, accompagnent à la Renaissance la « promotion » sociale de la femme, disent à la fois les transformations qui affectent

34. *Ibid.*, fol. 6v.
35. Voir M.-C. Pouchelle, « L'hybride », dans *Nouvelle revue de psychanalyse,* n° 7, printemps 1973, p. 51.

les anciens modèles et les résistances des mentalités. Leurs thèmes et leurs arguments ont leur principale source dans le traité de Henri Corneille Agrippa, *De nobilitate et praecellentia foemini sexus*, écrit en 1509, publié en 1529 et traduit pour la première fois en français, sous le titre *De la noblesse et preexcellence du sexe foeminin*, en 1537[36]. Les *Épîtres invectives* d'Hélisenne de Crenne, *Le Fort inexpugnable de l'honneur du sexe fémenin,* qui entend « abattre le grand Voele de l'opinion du commun », le poème de Marie de Romieu, *Brief discours, Que l'excellence de la femme surpasse celle de l'homme*[37], prennent souvent, il est vrai, la forme d'un simple complément ou d'une correction apportés au discours apologétique, et notamment au *De hominis dignitate* de Pic de La Mirandole[38]. Mais ces discours, et davantage encore celui de Marie de Gournay, l'*Égalité des hommes et des femmes,* vont souvent au-delà de la correction, du complément ou de la copie ; développant de nouveaux arguments, ils s'efforcent toutefois de plaider la cause des femmes en respectant les codes de l'écriture humaniste.

S'il convient de prêter attention à l'*Égalité des hommes et des femmes* de Marie de Gournay, la fille d'alliance de Montaigne, c'est d'abord que ce discours, publié en 1622, conserve la mémoire de la production antérieure, dont il résume à peu près la topique et la rhétorique. C'est aussi que, si Marie de Gournay n'est évidemment ni le premier auteur ni le seul à revendiquer pour « la moitié du monde » une juste reconnaissance de ses droits, elle a le singulier mérite de situer le débat dans sa juste dimension, celui de la condition des femmes dans la société, les institutions, l'histoire, et que son discours, moins polémique et moins touffu que *Le Fort* de François Billon, où retentit le bruit des règlements de compte et des conflits personnels, ne plaide point, comme celui-ci ou le *De nobilitate* de Corneille

36. Autres traductions au XVIe siècle : François Habert, *Le Jardin de félicité, avec la louange et haultesse du sexe fœminin en ryme françoyse, divisée par chapitres, extraicte de Henricus Cornelius Agrippa par le Banny de Liesse*, 1541 ; et Loys Vivant, *Traité de l'excellence de la femme, faict françois du latin de Henri Corneille Agrippe*, 1578. Édition et traductions récentes : H. Corneille Agrippa, *De la supériorité des femmes*, trad. B. Dubourg, citée ; et *De nobilitate et praecellentia foemini sexus*, éd. et trad. R. Antonioli, Ch. Bené, O. Sauvage, M. Reulos, Genève, Droz, 1990.

37. Marie de Romieu, *Premières œuvres poétiques* (1581), éd. Winandy, Genève, Droz, 1972. Le *Brief discours* met en vers la déclamation XXIIII de Charles Estienne, « Pour les femmes » (*Paradoxes*, 1553), laquelle de son côté transposait en français le Paradosso XXV d'Ortensio Landi, « Che la donna è di maggior eccellentia, che l'huomo » (*Paradossi*, 1543) ; dans la section d'*Addenda* on trouvera les paradoxes italien et français (p. 133-150).

38. L'*Oratio* de Pic constitue la préface des thèses présentées en 1486, et a été publiée séparément en 1530.

Agrippa, la cause douteuse de la supériorité et de la prééminence d'un sexe sur l'autre, mais celle de la stricte égalité :

« La plupart de ceux qui prennent la cause des femmes, contre cette orgueilleuse préférence que les hommes s'attribuent, leur rendent le change entier : renvoyant la préférence vers elles. Moi qui fuis toutes extrémités, je me contente de les égaler aux hommes... »

Voici donc que Corneille Agrippa, François Billon, Hélisenne de Crenne, Marie de Romieu, Marie de Gournay, tentent alors de « prouver » soit l'excellence du sexe féminin, soit l'égalité des hommes et des femmes ; traditionnel dans ses formes et ses procédures, ce nouveau discours n'en ébranle pas moins — ou ébranle d'autant mieux — la représentation conventionnelle des sexes. Les défenseurs de l'excellence du sexe féminin, hommes ou femmes, sont tenus d'apporter, comme en tout discours délibératif, deux types d'arguments, que la tradition appelle des « preuves », des *pisteis,* pour reprendre le terme de la rhétorique d'Aristote, c'est-à-dire de quoi persuader en proposant du vraisemblable/crédible. D'un côté, l'autorité des bons et anciens auteurs, de Platon à la sainte Écriture, auxquels on pourra adjoindre des cautions reconnues par la doxa, même si, plus modernes, elles ne sont pas « d'âge compétent » : car l'autorité a deux sources pour le savoir humaniste, l'ancienneté de la créance et la commune opinion[39]. D'un autre côté, des exemples, le type de « preuves » caractéristique du délibératif, selon Aristote[40].

Puisque le discours doit apporter des « preuves », chaque orateur est d'abord tenu d'alléguer des autorités, manifestant ainsi son savoir et sa culture, sa connaissance de la tradition. Corneille Agrippa, François Billon, Marie de Gournay ne manquent pas de s'appuyer sur l'Écriture, puisque c'est là le point de résistance : il leur faut montrer en effet que seule une lecture rapide et superficielle de la Genèse et des textes sacrés laisse conclure à l'infériorité du sexe féminin. C'est l'occasion d'assurer que l'*homo* créé par Dieu n'est point *vir,* mais mâle et femelle : « Le grand Formateur de l'univers [...] créa l'Homme semblable à soi Mâle et Femelle »[41].

39. P. de Ronsard, *Œuvres complètes,* éd. Laumonier, t. XVI, Paris, Nizet, 1983, p. 9 (préface de 1572) et p. 339 (préface de 1587).

40. Distinguant deux types de preuves, l'enthymème et l'exemple, et deux types d'exemples, historiques ou inventés, il considère que les exemples sont particulièrement à leur place dans le délibératif, puisque la harangue ne peut se nourrir que d'exemples du passé (*Rhétorique,* livre III, 1418 *a*).

41. F. Billon, *Le Fort inexpugnable...,* fol. 2.

Et, tout aussi hardiment, de poser la bisexualité de Dieu[42], ou plutôt de rejeter toute représentation sexualisée de Dieu :

« Que si quelqu'un au reste est si fade, d'imaginer masculin ou féminin en Dieu, bien que son nom semble sonner le masculin [...], celui-ci montre à plein jour, qu'il est aussi mauvais Philosophe que Théologien »[43].

Le second type de « preuves », apporté dans le délibératif par les exemples, fait intervenir la rhétorique de la liste. La culture humaniste aime les sommes, les compilations, les énumérations, le catalogue : pour montrer que l'orateur connaît les textes de référence, et sait pratiquer la bonne et due écriture, il doit à la fois devenir la mémoire des bons et anciens auteurs, qu'il citera ou alléguera abondamment, et ajouter à la collection quelques pièces nouvelles. La liste des excellentes femmes répond à ce double dessein, « autoriser » le discours d'éloge en « démontrant » par des exemples « historiques » (ou historico-légendaires) les multiples capacités féminines, « autoriser » l'orateur en « démontrant » sa culture et sa connaissance des bonnes lettres.

Et comme plusieurs domaines et activités apparaissent et sont perçus par la doxa comme réservés aux hommes, non seulement de fait mais de droit, c'est évidemment en ces territoires qu'il faudra marquer la présence féminine, et sa légitimité. La topique est donc déterminée : la politique, la souveraineté, la guerre, la philosophie, la poésie, l'éloquence, le sacerdoce —

« Au reste, toutes les Nations concédaient la prêtrise aux femmes, indifféremment avec les hommes ; et les Chrétiens sont au moins forcés de consentir qu'elles soient capables d'appliquer le Sacrement de Baptême ; mais quelle faculté de distribuer les autres leur peut être justement déniée, si celle de distribuer celui-là leur est justement accordée ? »[44] —,

la prophétie, tels sont les « bastions » masculins, pour reprendre le mot

42. Pour une représentation médiévale d'un Christ « maternel », voir Caroline Walter Bynum, *Jesus as mother, studies in the spirituality of the high Middle Ages*, University of California Press, 1984, qui étudie les textes cisterciens du XIIe siècle (p. 110 et suiv.).

43. Marie de Gournay, *Égalité des hommes et des femmes* (1re éd. 1622), dans *Fragments d'un discours féminin* (qui donne le texte de 1641), éd. E. Dozon-Jones, Paris, J. Corti, 1988, p. 126.

44. *Ibid.*, p. 123.

de Marie de Romieu, que les femmes illustres ont su, une fois, conquérir, et dont il serait injuste de leur dénier la possession.

L'histoire — la tradition rhétorique du genre délibératif — détermine les formes et les modalités de l'*oratio ;* l'historicité — la situation du débat — apporte la topique, et l'intertextualité antique et contemporaine fournit les « exemples » et les cautions.

Il conviendrait donc de réévaluer l'apport de ces textes souvent encore considérés comme faiblement argumentés, et dont pourtant la démarche audacieuse et ferme peut nous séduire et nous étonner, et d'apprécier le nouvel éclairage qu'apportent une topique et une rhétorique déterminées lorsqu'elles se présentent dans une autre organisation théorique. La controverse sur la dignité ou la misère de l'homme, qui oppose à la Renaissance les humanistes chrétiens héritiers de Pic de La Mirandole, exaltant la prééminence de la créature admirable au sein de la création, aux humanistes, chrétiens ou non chrétiens, qui proposent une image de l'homme humilié propre à le « néantiser », provoque ainsi une réflexion sur le deuxième sexe, inférieur, supérieur ou égal à l'autre ; dans l'effort nécessaire pour le situer à sa juste place alors que la vision du monde médiévale et renaissante impose un cadre rigide d'oppositions rigoureuses commandées par la hiérarchie du principe mâle d'activité, le discours féministe essaie d'assurer le principe d'une égalité « essentielle » ; traditionnel dans ses formes et ses modalités, il cherche d'abord à convaincre sans s'écarter des usages humanistes, et il trouve ses cautions dans le trésor de la littérature antique. Mais l'*Égalité* de Marie de Gournay se dégage alors des cadres apologétique et cosmologique pour envisager la condition des femmes *dans son histoire* et dans sa dimension morale, sociale, juridique et politique, contribuant ainsi à ébranler l'édifice épistémologique et idéologique.

« Fondation des savoirs, fondation des pouvoirs » : on pourrait dire, par manière de boutade, que l'une est intimement liée à l'autre, que le savoir est réservé au pouvoir, comme le disent d'une seule voix Montaigne et Aubigné. Et il est vrai que même l'acceptation d'une égalité « essentielle » (la différence des mâles et des femelles étant « accidentale », et non « essentiale », comme disait Billon) ne conduit pas à accorder sur-le-champ au sexe féminin une place égale dans le domaine du pouvoir : nos débats actuels sur la parité l'attestent suffisamment !

Plus sérieusement, la question de la différence sexuelle montre que la fondation des savoirs procède par un double mouvement d'intégration et d'exclusion, de reprise et de mise à l'écart : l'humaniste relit à la lumière des textes antiques réexaminés (et critiqués) les problèmes que lui posent son temps et la société dans laquelle il vit et pense. C'est dans le frottement des deux histoires, l'une comprise à la lumière de l'autre, que s'accomplit le geste de renouvellement, et d' « invention ». L'humaniste ne pouvait faire l'économie de sa propre position historique, pas plus que l'historien moderne des mentalités ne peut faire l'économie de son propre outillage mental, qui lui permet de reconstruire — non sans altération — celui des siècles passés.

Mais si l'histoire est, selon la superbe formule d'Amyot, « le trésor de la vie humaine », arrêtant « le flux de notre mémoire », il faut en effet la saisir « dans la longue suite du temps »[45] : et si l'historien est « comme un greffier, tenant registre des arrêts de la cour et justice divine », il a mission de préserver les archives de nos pensées et de nos comportements, de nos manières de faire et de dire. Sans négliger les changements et les points de rupture, sans omettre de prendre en compte les permanences et les continuités, qui semblent résister à la pression de l'histoire.

C'est pourquoi, en envisageant la problématique de la différence sexuelle, on aimerait mettre au jour sa longue histoire, en soulignant à la fois les périodes décisives où s'écrit une page nouvelle — et c'est assurément à l'âge de la Renaissance —, et les phénomènes de continuité et de discontinuité qui marquent nécessairement la construction du savoir.

Gisèle MATHIEU-CASTELLANI,
Université Paris-VII Denis-Diderot.

45. Amyot, *Aux lecteurs*, en préface à la traduction des *Vies parallèles* de Plutarque, Paris, Club français du livre, 1953, non pag. La formule « elle arrête le flux de notre mémoire », attribuée par lui à Platon, renvoie à l'étymologie du mot *historia* dans le *Cratyle* (437 *b*) : « Le mot *historia* signifie par lui-même l'arrêt de l'écoulement *(rhous)* » ; cependant *historia* ne signifie pas exactement *histoire*, mais *enquête*, *exploration*, et plus précisément ici, *connaissance*.

VERTUS DU SUJET, VERTU DU PRINCE A L'AUBE DE L'ABSOLUTISME EN FRANCE

par

ULLRICH LANGER

Si la formation, la fondation des institutions du savoir implique, dans le cas de la France monarchique, une politique concertée, destinée à faire de ces institutions un instrument du pouvoir, le savoir lui-même doit prendre la forme d'une institution, ou doit se plier aux exigences bureaucratiques de l'institution naissante. Dans ces pages j'aimerais me pencher sur un savoir qui au fond s'est toujours défendu de l'être, qui a toujours résisté aux critères de scientificité qui caractérisent les connaissances exactes. Il s'agit de l'éthique, et de sa sœur la rhétorique, qui tout au plus prétendent à une connaissance probable et à une maîtrise difficile des contingences. L'éthique classique aussi bien que la rhétorique procurent leur force et leur faiblesse des apparences, du va-et-vient entre les propositions particulières et universelles dans un domaine soumis à l'opinion. C'est pourquoi Aristote, au début de l'*Éthique à Nicomaque,* distingue clairement la recherche de la connaissance exacte de l'invariable, l'*episteme,* et la recherche éthique, pour laquelle il est indispensable de se laisser guider par ce que les hommes appellent communément une vie heureuse, et par cette fin suprême, l'*eudaimonia,* en vue de laquelle les autres poursuites ne sont que des moyens.

Mais passons aux choses concrètes. Mon hypothèse est que dans ce domaine variable qu'est l'éthique, il se passe quelque chose vers la fin du XVIe et le début du XVIIe siècle, lorsque la rhétorique humaniste, telle que nous la connaissons chez un Érasme ou chez un Guillaume Budé, ne parvient plus à imposer sa pertinence dans le domaine politique. C'est dire que, si les anciens modèles de pédagogie politique ne sont pas absents des discours entourant le Prince, il se profile de plus en plus un autre type de discours politique, lui non plus sans histoire ni filiations. Cet autre type écarte la louange proprement parénétique du discours concernant le Prince ou à lui adressé, et fait de lui un objet de glorification soustrait aux exigences

Fonder les savoirs, fonder les pouvoirs, XVe-XVIIe siècle : actes de la journée d'étude... (Paris, 8 avril 1999), éd. Dominique de Courcelles, Paris, 2000 (*Études et rencontres de l'École des chartes,* 6).

de la vertu. En même temps, et c'est là ce qui me semble se lier au thème de cette journée, nous observons une tendance régulatrice, prescriptive, dans l'éthique lorsqu'elle s'applique à tous ceux qui ne sont pas le Prince. En d'autres mots, plus le Prince est absolu, absous par rapport à l'*habitus* de la vertu, plus ses sujets y sont soumis. Les sujets y sont soumis au sens où la réglementation du comportement éthique devient la finalité du discours éthique.

La période qui m'intéresse est le règne d'Henri IV et le début de celui de Louis XIII ; les textes qui m'intéressent sont les discours d'éloge adressés au roi. La tradition humaniste de l'éloge reprend au fond les préceptes de Quintilien et d'Aristote. Ceux-ci se résument facilement : on identifie d'abord des conditions ou des qualités d'une personne dignes d'être louées. La personne ne peut être responsable de certaines conditions (par exemple, le pays, les parents, les ancêtres) ; or, la substance de la louange portant sur ces conditions soulignera que la personne concernée a bien « répondu » à l'excellence de ses origines ou bien, par contre, qu'elle a surpassé les attentes créées par une origine modeste[1]. De même, la louange de la personne « elle-même » comprend celle de son caractère ou de son âme *(animus)*, celle de son corps *(corpus)*, et celle de circonstances externes *(extra posita)*[2]. La louange des circonstances externes portera non sur la possession de certains avantages, mais sur l'usage que la personne en a fait (*sed quod iis honeste sit usus*, Quintilien, III, VII, 14). Pour que cet usage mérite l'éloge, il doit se conformer à l' « honnête » : il n'est pas besoin de rappeler le rôle central de ce concept dans la philosophie morale latine[3]. C'est l'âme, le centre de la volonté, qui constitue l'objet du « véritable » éloge : *animi semper vera laus* (III, VII, 15). Aristote semble identifier la vertu, produite par des choix volontaires, à ce qui est digne de louange[4]. Dans le discours d'éloge royal d'inspiration humaniste, les choix et les efforts du roi pour être un bon roi, pour accomplir sa finalité de bien régner, sont soulignés au détriment de ses pures valeurs guerrières et de l'expression hyperbolique de son pouvoir. La dignité du roi est le résultat précis de la soumission de son bien personnel

1. Voir Quintilien, *Institutio oratoria*, III, VII, 10-11 : « Ante hominem patria ac parentes maioresque erunt, quorum duplex tractatus est : aut enim respondisse nobilitati pulchrum erit aut humilius genus illustrasse factis. »

2. *Ibid.*, III, VII, 12.

3. Voir la discussion fondamentale de l'*honestum* chez Cicéron (*De officiis*, I, V, 15, et *passim*).

4. Voir sa *Rhétorique*, I, 9 (1366 *a* 33-36) et l'*Éthique à Eudème*, II, 11 (1228 *a* 1-17) ; seuls les choix volontaires de l'homme sont dignes d'éloge.

au bien de ses sujets. En ce sens l'éloge humaniste constate et encourage l'acceptation, de la part du souverain, d'une finalité de son pouvoir (il doit œuvrer pour le bonheur de ses sujets), donc d'une limitation de son pouvoir (soumis aux lois, qui définissent l'ordre social). L'éloge constate et encourage aussi la nécessité de son effort, de sa lutte contre les malheurs et de sa maîtrise des contingences. Le roi doit agir dans le temps ; il doit travailler pour la paix. Cet effort dans le temps relève ainsi de la définition classique de la vertu : ce n'est pas une qualité statique, un acquis pour lequel il suffit d'exister, mais elle s'affirme dans la continuité temporelle des choix et des efforts conscients et rationnels. C'est ce qui distingue d'ailleurs fondamentalement l'*habitus* au sens classique de la notion sociologique d'*habitus* devenue à la mode dans le sillage des travaux de Pierre Bourdieu.

Si le genre de l'Institution du prince incarne le plus clairement cet idéal de rhétorique humaniste, il apparaît de même dans des éloges divers, par exemple chez Clément Marot, chez Claude Chappuys, et d'autres poètes à la cour de François Ier, malgré les hyperboles dont ce roi était entouré, et qu'Anne-Marie Lecoq a si bien répertoriées[5]. Lorsque nous nous tournons vers l'époque de la dernière décennie du XVIe siècle, peut-être surtout à partir de 1595, c'est-à-dire après l'attentat manqué de Jean Chastel fin décembre 1594, et durant les premières décennies du XVIIe siècle, l'hyperbole prend des tons qui modifient les données de base de l'éloge[6]. Je prends quelques exemples de cette rhétorique modifiée.

D'abord le capitaine et géographe Pierre d'Avity (1573-1635), qui publia en 1599 un recueil de pièces intitulé *Les Travaux sans travail*[7] où nous trouvons un poème dédié « A tres-auguste, tres-chrestien, et tres-victorieux Henry IIII, Roy de France, & de Navarre » (p. 289-299). Ayant passé en revue les victoires militaires du roi, le poète résume ainsi :

5. Anne-Marie Lecoq, *François Ier imaginaire : symbolique et politique à l'aube de la Renaissance française*, Paris, Macula, 1987.

6. Jacques Davy Du Perron exprime cette hyperbole de l'éloge, au milieu d'une forte inquiétude, dans un poème « Sur la blessure du Roy, et le parricide attentat de Jean Chastel » : « O Roy, le plus grand Roy, que l'œil du Ciel regarde, | Pour qui depuis tant d'ans les Anges font la garde, | Par merveille appellé, par merveille eslevé, | Par merveille conduit, par merveille sauvé, | Pour estre apres tant d'heurs, & d'œuvres nompareilles | La merveille des Roys, & le Roy des merveilles, | Jusqu'à quand les Destins, & le sort dépitant | Irez-vous aux perils vos heurs precipitant ? » (reproduit dans *Les Diverses œuvres*, Paris, Antoine Estienne, 1622, *Recueil des poesies*, p. 46). Le royaume est à ce moment-là encore sans dauphin.

7. A Paris, chez Gilles Robinot. Le recueil est réimprimé plusieurs fois dans la décennie suivante. Voir Henri Lafay, *La Poésie française du premier XVIIe siècle (1598-1630)*, Paris, Nizet, 1975, p. 420-421.

Bref je voy grand Roy quelque part ou tu sois,
Qu[e] l[à] tu fais valoir la valeur des François.
Tu fais tout, tu prens tout, & le tour de la Terre
N'est qu'un point, regardant ce que tu peux conquerre
(p. 298).

L'hyperbole revêt des dimensions proprement divines : la toute-puissance royale est telle que l'espace se réduit à un point. Ce point est englobé par la volonté royale ; les possibilités sont littéralement infinies, sans limite. C'est dire aussi que la volonté royale n'est aucunement soumise à la finalité que représente le bien des sujets.

Nous trouvons un langage semblable dans un « Hymne au roy » publié par l'historien et poète Alexandre de Pontaimery, sieur de Focheran (mort en 1618), dans sa plaquette *Discours d'Estat sur la blessure du Roy*[8] :

Soleil de nostre temps, lumiere des guerriers,
Qui fais naistre sous toy la palme & les lauriers,
La vertu qui t'esleve en un throsne de gloire
Burine assez ta vie au temple de memoire :
Sans que pour m'honorer je t'honore en mes vers
Qui te font veoir au ciel, du ciel à l'univers,
De l'univers à toy : car le ciel & la terre
Ne font qu'un petit point en ton cœur qui les serre :
Ne pouvant limiter ta grace & ta valeur
Dont le merite encor surpasse le bon-heur…

Même réduction de l'espace au point, même refus des limites, même effet d'englobement par la personne (ou le cœur) du roi. Si ce langage est un exemple du topos antique et médiéval du roi image de Dieu *(imago deitatis maiestas* ou *princeps),* l'insistance sur l'infini de la puissance royale, sur l'illimité, présente des problèmes particulièrement graves pour le discours éthique. Dans ces conditions le roi ne peut, à proprement parler, exercer aucune vertu, au sens où celle-ci représente l'effort volontaire dans le temps, à travers les contingences, contre les obstacles. A moins de confronter la possibilité de l'échec, ou d'une réussite partielle, aucun *habitus* n'est *laudabilis,* aucune vertu n'est digne de louange dans l'éloge humaniste de la personne.

8. Paris, Claude de Montr'œil et Jean Richer, 2e éd., 1595, p. [13]. L'hymne sera republié en tête de ses *Œuvres*, Paris, Jean Richer, 1599.

On passe à ce moment-là à un registre différent. L'éloge devient, me semble-t-il, une évocation pure et simple, un rappel de l'existence lumineuse du roi, existence qui transcende tout effort, toute lutte dans la contingence. Dans ce même hymne de Pontaimery, un langage solaire véhicule l'excellence du roi, et ce langage solaire modifie en effet une autre donnée de l'éloge :

> Ta Clemence qui luit ainsi que dans les cieux
> Paroist sur le midy le Soleil radieux,
> Soleil qui ne voit pas environnant le monde
> Un Prince (Mon grand Roy) qui tes efforts seconde :
> Soleil qui ne voit pas au sein du firmament
> A l'ame des guerriers un pareil ornement.
> Il n'est rien que toy à toy-mesme semblable,
> Pour la comparaison de chose incomparable.

Si l'effet éblouissant de la clémence est un thème bien connu — on n'a qu'à rappeler l'effet lumineux, la splendeur de la justice chez Cicéron, et la « clarté » de la clémence d'Auguste chez Corneille, provoquant la « céleste flamme » qui inspire Livie —, cet effet solaire implique dans la suite de l'éloge la nature proprement *incomparable* de la vertu royale. C'est dire que cette vertu ne se profile plus par rapport à d'autres exemples de comportement, mais abandonne pour ainsi dire l'exemplarité pour atteindre un statut de pure transcendance.

De même la rhétorique épidictique déployée après la mort du souverain, étudiée en détail par Jacques Hennequin[9], poussera l'hyperbole au-delà des limites conseillées par les humanistes. Dans son *Discours funebre, à l'honneur de la memoire de tres-clement, invincible & triomphant, Henry IIII, Roy de France & de Navarre*[10], Antoine de Nervèze aborde ainsi le problème de la comparaison du feu roi aux exemples classiques ou autres :

> « L'antiquité m'offriroit bien ses Roys & ses Empereurs qu'elle vante en ses escrits pour les comparer à toy : mais je trouve tant d'inesgalité de leur gloire à la tienne, que je n'en puis faire une juste comparaison : de sorte que n'ayant jamais rien eu de pareil à toy que toy mesme, ny esperance qu'à l'advenir nul te puisse esgaller si ce ne sont tes enfans, je ne te donne point de compagnons en tes honneurs... » (p. 34-35).

9. Jacques Hennequin, *Henri IV dans ses oraisons funèbres ou la naissance d'une légende*, Paris, Klincksieck, 1977.

10. Paris, Anthoine du Brueil, 1610.

« N'ayant jamais rien eu de pareil à toy que toy mesme » : formule qui rappelle celle de Pontaimery (« Il n'est rien que toy à toy-mesme semblable »), et qui soustrait le roi à toute comparaison. En un sens, le fait qu'Henri IV fut le premier des Bourbons fournit une raison concrète à ce thème de l'incomparable. Si l'on prend, par exemple, l'éloge funèbre d'Henri III par Claude de Morenne, celui-ci se plaît à comparer le roi défunt aux Valois ses prédécesseurs. Il passe en revue les qualités de François Ier, d'Henri II, de François II et de Charles IX, avant de conclure :

> « Ce que neanmoins je ne mets point en avant, comme pensant qu'il soit necessaire d'emprunter quelque lustre de ces tombeaux & monumens enfumez pour l'esclarcissement de sa gloire : ains d'autant que j'espere vous faire voir combien de lumiere il a adjousté à ces premiers rayons par sa valeur & generosité royale, ayant non seulement esgalé, mais de beaucoup surpassé tous ses predecesseurs és perfections qu'ils avoyent eues. Et à la verité les siennes estoyent si grandes qu'il sembloit que le ciel & la nature eussent depuis longtemps fait amas de toutes les perfections humaines, & les eussent prodiguement & à pleines mains departies à ce Prince pour en faire un chef d'œuvre »[11].

Henri III, selon Morenne, aurait « surpassé » ses prédécesseurs en piété, par sa construction de monastères, par ses « austerités » et jeûnes, par ses processions et pèlerinages, par ses charitables visitations, par les honneurs qu'il a décernés aux ecclésiastiques. Morenne se rattache donc clairement à une rhétorique classique de l'éloge, non seulement par la comparaison, mais sans doute en plus par son aspect parénétique : par la louange de la piété d'Henri III, il exhorte implicitement son successeur à se montrer son égal dans ce domaine précis.

Les discours adressés à Henri IV durant sa vie ne manquent pas non plus de comparaisons. Antoine de Bandole fait précéder sa traduction des *Commentaires* de César d'une comparaison très détaillée entre Henri IV et César, à l'imitation de Plutarque : *Les Paralleles de Cesar et de Henry IIII*[12]. Il loue surtout la prudence, la force ou la vaillance, et la tempérance des deux chefs de guerre :

11. *Oraison funebre faite sur le trespas de Henry troisiesme Roy de France & de Polongne, prononcee en l'eglise de S. Mederic le 21. jour d'aoust 1595*, Paris, Jamet Mettayer & Pierre l'Huillier, 1595, p. 28-29. L'éloge des autres rois couvre les trois pages précédentes.

12. *Les Paralleles de Cesar et de Henry IIII..., avec les Commentaires de Cesar, & les Annotations de Blaise de Vig[e]nere, de nouveau illustrez de maximes politiques par ledit de Bandole, dedié à Monseigneur le Daulphin*, Paris, Jean Richer, 1609. La comparaison occupe 120 pages ; elle sera suivie d'une courte « Vie de Henry IIII ».

« Mais s'il s'en est jamais trouvé deux qui se ressemblerent en vertu, CESAR & HENRY doivent estre rengez aux premiers rangs : Tous deux ont eu leurs conceptions fort hautes, d'un solide jugement, d'une execution resoluë, vaillans, veillans, pourvoyans, prevoyans, fermes à leurs desseins, entreprenans avec asseurance, conduisans avec dexterité, surmontans tout avec la vaillance, & triomphans avec la modestie sans s'esgarer » (p. 31).

Mais à l'époque d'Henri IV cet autre type d'éloge, la glorification de l'incomparable, se dessine de plus en plus nettement. Nous passons donc de l'*epainos* à l'*enkomion,* en termes aristotéliciens : l'éloge des hommes, de ceux qui sont excellents par rapport aux autres hommes et donc par rapport à l'effort que demande la vertu *(epainos* ou *laus),* se distingue de l'éloge des Dieux, ou des hommes qui sont à l'image des Dieux *(enkomion).* Denis Lambin, dans ses annotations de la traduction latine de l'*Éthique à Nicomaque,* exprime la nécessité de la comparaison dans tout éloge de l'homme vertueux : *Laudes, quemadmodum diximus, comparatione & relatione quadam constant* (« Les louanges, comme nous l'avons dit, consistent en une certaine comparaison et relation »)[13]. Une fois, donc, que la nature relative de la qualité louée se trouve escamotée par l'hyperbole, nous passons à la pure évocation d'un bien absolu. C'est en ce sens que l'éloge d'Henri IV passe à un registre différent, absolu par rapport à l'espace (« le tour de la Terre | N'est qu'un point »), absolu par rapport à la vertu conçue comme effort dans le temps et par rapport à d'autres (« n'ayant jamais rien eu de pareil à toy que toy mesme »). Ce qui me fait revenir au propos initial : vu dans une perspective éthique, le Prince ou le Roi se détachent de plus en plus de la possibilité même de l'exercice de la vertu. Évidemment tout cela nous semble bien connu, au sens précis que le règne d'Henri IV, plus que celui de François Ier, marque la consolidation de l'État, ultime recours devant les désordres religieux. Cet absolutisme éthique, pour ainsi dire, est en fait une évacuation du langage éthique classique et humaniste de l'institution du pouvoir. Tout cela se passe, bien sûr, d'une manière hésitante, peu homogène, peu consciente, l'ancien côtoyant le nouveau.

Mais il existe un pendant de cette absolution du Roi, et c'est le début d'une réglementation des vertus, elle aussi hésitante, peu homogène. Je vais m'attacher à un exemple précis provenant de l'époque d'Henri IV et Louis XIII, le cas de Jacques Davy Du Perron (1556-1618), évêque

13. *Aristotelis Stagiritae de Moribus ad Nicomachum libri decem,* trad. Denis Lambin, annot. Lambin, Theodor Zwinger, Bâle, Joannes Oporinus, Eusebius Episcopius, 1566, l. 13, p. 59.

d'Évreux et plus tard cardinal et grand aumônier de France. Panégyriste lui aussi d'Henri III et d'Henri IV, très actif par sa qualité de polémiste défendant la cause catholique — il est le champion de l'Église romaine dans le débat public sur l'Eucharistie avec Philippe Duplessis-Mornay en 1600, auteur de différentes publications concernant la doctrine catholique à ce sujet, et ses discours suscitent une controverse avec Jacques Ier d'Angleterre[14] — Du Perron a des ambitions littéraires et philologiques. Son recueil de traits d'esprit et d'observations, les *Perroniana,* sera réimprimé tout au cours du XVIIe siècle ; son éloge funèbre de Ronsard est célèbre ; correspondant du grand Isaac Casaubon, Du Perron se plaît à traduire en français des textes de philosophie morale classique, tels que le *De amicitia* de Cicéron et le premier livre de l'*Éthique à Nicomaque.* Dans *Les Diverses œuvres* publiées après sa mort se trouve un *Traicté des vertus morales*[15], écrit visiblement pour un public lettré mais peu spécialisé, divisé en petits chapitres lucides et utiles, qui semble résumer l'éthique d'Aristote. L'intéressant dans ce traité, c'est l'ajout de matériaux qui normalement seraient distincts, notamment des développements sur ce qu'on nommera plus tard les passions de l'âme. L'éthique sera intégrée dans une quasi-psychologie, et elle est conçue comme la correction de celle-ci. La définition de la vertu est en elle-même insuffisante ; Du Perron y ajoute une section intitulée « En quoy s'occupe la Vertu ». En voici le texte :

« La Vertu s'occupe à corriger les delectations & les tristesses : Ce qui se peut ainsi prouver : La Vertu corrige ce qui nous rend mauvais ; Les delectations & les tristesses nous rendent mauvais : donc elle les corrige. Mais on dira que les Vertus se delectent à bien faire. On respond que la Vertu ne corrige que les mauvaises delectations, & les mauvaises tristesses. De là s'ensuit, que puis que les troubles de l'ame ont les delectations & les tristesses comme compagnes, que la Vertu se mesle

14. Voir l'abbé Pierre Feret, *Le Cardinal Du Perron, orateur, controversiste, écrivain : étude historique et critique*, Paris, Didier, 1877.

15. Le traité se trouve aux p. 783-804 ; il ne semble pas être en rapport avec ses discours à l'Académie du palais d'Henri III où il prononce le « Discours de la cognoissance » et le « Discours de l'ame ». Dans ce dernier il range les vertus sous ce qu'il y a d' « acquis » dans l'âme, la prudence étant une habitude dans l'entendement « pour faire ordonnément et bien à propos » les actions, les autres vertus se situant dans la volonté. En rangeant la prudence du côté des vertus intellectuelles il suit la tradition aristotélicienne. Voir Édouard Fremy, *Origines de l'Académie française : l'Académie des derniers Valois, Académie de poésie et de musique (1570-1576), Académie du palais (1576-1584), d'après des documents nouveaux et inédits*, Paris, E. Leroux, 1887, p. 345-346. Les discours sont reproduits dans *Les Diverses œuvres,* mais le deuxième dans une version tronquée.

encor de les corriger : & cela en deux manieres, à sçavoir en les incitant quand elles nous retirent du devoir ; & en les arrestant quand elles nous font passer les bornes de la raison : A cecy peut-on rapporter l'advertissement de Platon, que nous avons écrit cy-dessus, touchant l'institution des enfans, pour l'observation des tristesses & des delectations » (p. 789).

Il faut mesurer la distance qui sépare l'explication de Du Perron de la vertu au sens aristotélicien. Dans la perspective classique, la vertu est à proprement parler le perfectionnement de l'action : elle n'est pas une règle mais une habitude rationnelle, un agir selon la droite raison. Elle n'est pas un concept qu'il faudra s'efforcer d'appliquer, mais déjà un vivre tendant vers la félicité, l'*eudaimonia*. Vu de l'extérieur ce bien vivre ne se précise, ne se délimite que par le fait qu'il est loué par les hommes en général. Chez Du Perron, en revanche, la vertu corrige les mouvements passionnels de l'âme pour que ceux-ci se conforment au *devoir* et se maintiennent dans les bornes de la raison. En d'autres mots, la vertu rend l'homme, constitué par ses passions, capable de suivre son devoir : celui-ci est défini en quelque sorte en dehors du vivre lui-même, qu'il soit de nature religieuse ou de nature sociale. Elle est une faculté de *correction* du vivre au lieu de constituer la perfection de ce vivre même. Dans la conception classique la correction n'intervient que par rapport à la justice particulière, celle qui assure l'égalité des biens échangés et, plus tard, l'adaptation des punitions aux méfaits. Le concept classique de la vertu comme milieu ne me semble pas la correction par rapport aux excès, mais une sorte de cheminement entre des excès, la négociation prudente des difficultés.

La référence à Platon est d'ailleurs révélatrice : pour Du Perron la vertu est surtout un instrument pédagogique, elle sert l' « institution », c'est-à-dire l'éducation, de l'être humain sujet aux troubles de l'âme. *Correction, devoir, arrester, inciter :* le vocabulaire est celui de la discipline, celui de la règle à suivre, à inculquer. C'est aussi le vocabulaire de l'État, chargé de l'ordre social, de la correction des sujets[16].

La fonction corrective de la vertu chez Du Perron peut se comparer à la fonction de la vertu dans un texte beaucoup plus connu que le traité du cardinal, *Les Passions de l'âme* (1649) de Descartes. Nous y trouvons un article intitulé « Que l'exercice de la vertu est un souverain remède contre

16. Langage semblable dans le *Discours sur la comparaison des vertus morales et theologales, fait par le commandement du Roy Henry III* (dans *Les Diverses œuvres*, p. 583-592). Les vertus morales, inférieures aux théologales, « s'occupent à regler les mœurs, & à ranger les desirs & les passions dessous le joug de la raison » (p. 588).

les Passions » qui semble par son titre reprendre la problématique de Du Perron. Or, il s'avère que Descartes reste largement tributaire de la tradition stoïcienne. La vertu d'une personne se manifeste par le fait que « sa conscience ne peut luy reprocher qu'il ait jamais manqué à faire toutes les choses qu'il a jugées estre les meilleures (qui est ce que je nomme icy suivre la vertu) ». Cette absence de reproches lui procure « une satisfaction, qui est si puissante pour le rendre heureux, que les plus violens efforts des Passions, n'ont jamais assez de pouvoir pour troubler la tranquillité de son âme »[17]. La vertu peut donc assurer un bonheur personnel, la tranquillité, par la conscience d'avoir bien choisi ; elle se manifeste non pas dans la conformité au devoir mais dans la tranquillité interne, une sorte d'abri de la conscience.

Un exemple plus précis chez Du Perron nous fera voir comment la vertu conçue comme correction, comme réglementation, peut devenir l'instrument même de l'État, au lieu de constituer l'harmonie de la personne. Il s'agit de la différence entre l' « ire », la colère, et la justice, que Du Perron explique dans une section intitulée « Des troubles de l'Appetit irascible » :

> « L'Ire est un trouble de l'ame qui naist d'une injure receuë ; les injures sont en faicts ou en dicts. On la definit autrement, le desir de la vengeance. La Vengeance est quand nous desirons de faire endurer autant ou plus à celuy qui nous a offensez, que nous avons enduré : & en cela l'Ire a quelque semblance à la Justice : toutefois elle est bien differente : Car la Justice suit la raison en son action, & l'ire la sensualité. Davantage en l'ire celuy qui est offensé prend vengeance de l'offense : En la Justice, la punition est faicte par le Magistrat, qui mesure l'injure sans aucune passion, & de là tire-on la necessité de la Justice » (p. 795).

L'analyse de Du Perron passe de la colère à la justice ; cette dernière est une sorte de dépassement du « trouble de l'âme » que représente la colère. La colère égale le désir de vengeance et est dominée par la « sensualité », par la « passion ». La Justice, elle, fait au fond la même chose que la colère, c'est-à-dire qu'elle détermine le mal qui sera infligé à celui qui a provoqué l'injure. Mais elle s'en distingue par le fait qu'elle est gouvernée non pas par la passion personnelle de vengeance, mais par la raison. La raison s'incarne dans la personne du magistrat qui, lui, sera capable de mesurer plus exactement l'injure et la punition correspondante.

Du Perron semble opposer donc la vengeance personnelle à la réciprocité appliquée par l'institution : en d'autres mots, les individus sont dominés par les passions, les institutions sont identifiées à la raison. La vertu de la justice

17. Éd. Geneviève Rodis-Lewis, Paris, Vrin, nouv. éd. 1970), 2e partie, art. 148, p. 174.

est la correction par l'institution des passions individuelles. Ce qui revient à dire que la justice n'est pas une vertu de la personne individuelle ; elle s'identifie plutôt à l'État. La justice, en outre, se trouve ramenée à la seule justice commutative ou corrective, établissant et appliquant les peines correspondant aux torts ou aux injures ; l'aspect distributif de la justice, la détermination de la *dignitas,* du caractère méritoire des membres d'une communauté politique, se trouve écarté au profit de la réglementation bureaucratique de la vengeance.

Que signifie ce changement ? La justice ne pourra plus être une activité, une disposition louable de la personne (sujette aux « troubles de l'âme ») : rappelons que la justice figure parmi les quatre vertus dites « cardinales » entérinées par la tradition cicéronienne, et reprise par Du Perron lui-même dans son traité. Elle figure également parmi les vertus constituant le bien vivre aristotélicien. La tradition morale classique, médiévale et humaniste insiste sur la part fondamentale de la justice surtout dans l'exercice de la force ou de la vaillance ; sans justice, aucune véritable *fortitudo*[18]. Si la justice se lie toujours naturellement à la politique, à l'administration de l'État, elle demeure pour autant une vertu qui se manifeste dans la personne individuelle, en l'occurrence, celle du roi. Si l'individu sujet aux « troubles » par cette constitution même est privé de la vertu de justice, cette dernière se détache de l'harmonie du bien vivre pour se figer dans une bureaucratie judiciaire qui, elle, trouve sa justification dans l'ensemble de règles qui sont sa « raison ». La personne royale échappe, par son statut transcendant, absolu, à la vertu, mais ses sujets sont d'autant plus soumis à la correction que la vertu commence à représenter.

Le traité du cardinal n'a évidemment qu'un lien indirect avec l'absolutisme naissant : Du Perron lui-même, au cours de ses interventions lors des états généraux réunis en 1614 et 1615, s'opposa à l'expression la plus franche de l'absolutisme royal que constituait un article proposé par le tiers état. Celui-ci affirma dans un de ses points que les sujets devaient la fidélité au roi même lorsque ce dernier semblait s'écarter de la doctrine chrétienne. Du Perron et le clergé, eux, refusaient de souscrire à la position qu' « il n'y

18. « La Force d'avantage (comme ont fort bien dit les Stoïques) est une vertu, qui combat pour equité & justice. Et pourtant ny ceux qui souffrent pour choses injustes, ny ceux qui combattent pour leurs particulieres commoditez, non pas menez du seul zele du bien public, ne se peuvent vanter que faulsement ornez de ceste precieuse vertu [...]. Mais ceux-là sont forts & magnanimes, qui estiment qu'il n'y a action quelconque, temps, ne saison, qui doyve estre privee de justice... » (Pierre de La Primaudaye, *Academie françoise,* Paris, Guillaume Chaudiere, 1581, 7e journée, chap. 25, fol. 81).

a nul cas auquel les subjets puissent estre absous du serment de fidélité qu'ils ont fait à leurs princes », accusant le tiers état de vouloir imiter Jacques Ier d'Angleterre[19]. Toutefois le déroulement des débats montra clairement la nécessité du pouvoir indépendant du roi et de ses officiers dans le règlement des différends entre les ordres. Ce règlement fut accepté par les ordres, soucieux de protéger l'autorité royale d'une nouvelle menace de révolte ou d'un nouvel assassinat. Certainement, donc, l'atmosphère politique dans laquelle œuvrait le cardinal était colorée par une acceptation quasi consensuelle du renforcement du pouvoir royal et de son État.

J'ai voulu rapprocher deux sortes de textes : les panégyriques ou généralement le discours épidictique concernant Henri IV, et le traité moral en français dans cette période charnière entre la rhétorique humaniste et l'éloquence d'apparat dans la monarchie de Louis XIV. Un travail beaucoup plus exhaustif serait à faire ; les textes ne vont pas tous dans le même sens, et je n'ai pu entrevoir qu'un petit échantillon. Mais il me semble que la question de la vertu est au cœur de la persistance ou déchéance de l'humanisme face à l'émergence de l'État moderne.

Ullrich LANGER,
Université du Wisconsin, Madison.

19. Cité par Roland Mousnier, *L'Assassinat d'Henri IV (14 mai 1610) : le problème du tyrannicide et l'affermissement de la monarchie absolue*, Paris, Gallimard, 1964, p. 261. Voir ses p. 237-266 sur les différentes théories du rapport entre souveraineté spirituelle et temporelle, et sur les débats entre les ordres lors des états généraux.

LE MARQUIS DE MONTESCLAROS ET PEDRO DE OÑA, POÈTE DE L'ACADÉMIE ANTARCTIQUE

UN CAS DE MÉCÉNAT DANS LA VICE-ROYAUTÉ DU PÉROU AU DÉBUT DU XVIIe SIÈCLE

par

SONIA V. ROSE

Le fait que la base du patronage (politique, artistique, religieux) soit une société dans laquelle les hommes sont différents par leur richesse, leur occupation et leur statut, amène Werner Gundersheimer, dans son article d'introduction au volume *Patronage in the Renaissance,* à se demander si la société de la Renaissance aurait pu exister sans le patronage. Le patronage, qu'on peut définir comme le soutien, la protection ou l'encouragement donnés par un patron (individuel ou collectif) a une personne ou à une institution, fut de toute évidence un des phénomènes sociaux dominants de l'Europe préindustrielle[1].

« ... Une seule solution », nous dit Henri-Jean Martin, « pour l'homme de lettres qui ne dispose pas, grâce à sa famille, de revenus suffisants : devenir le fidèle de quelque grand seigneur, entrer dans sa clientèle, se faire son poète — mais aussi, selon l'occasion, son pamphlétaire ou son historien — obtenir un titre de secrétaire ou de maître d'hôtel lui permettant de figurer dans les comptes ; s'introduire à la cour à la suite de celui-ci, et se tisser un réseau d'utiles relations, garantes contre un retour de mauvais sort »[2].

Roger Chartier, pour sa part, dans un chapitre consacré au patronage et

1. Werner L. Gundesheimer, « Patronage in the Renaissance : an exploratory approach », dans *Patronage in the Renaissance,* éd. Guy Fitch Lytle et Stephen Orgel, Princeton, Princeton University Press, 1981, p. 3.

2. Henri-Jean Martin, *Livres, pouvoir et société à Paris au XVIIe siècle,* Genève, Droz, 1969, p. 430.

Fonder les savoirs, fonder les pouvoirs, XVe-XVIIe siècle : actes de la journée d'étude... (Paris, 8 avril 1999), éd. Dominique de Courcelles, Paris, 2000 (*Études et rencontres de l'École des chartes,* 6).

au mécénat[3], signale cette nécessité qu'éprouvaient, entre autres, les écrivains, d'entrer dans une clientèle, de participer à une cour, et met l'accent sur l'importance, pour tous ceux qui écrivent et publient, d'offrir un livre au prince : « En acceptant ou en refusant la dédicace, le souverain se trouve en position de donner légitimité ou, à l'inverse, de disqualifier une œuvre... »[4]. Le mécénat implique donc une reconnaissance mutuelle (entre l'artiste et son mécène) de la grandeur de chacun. D'une part, il sert à légitimer le pouvoir ou la richesse du dédicataire ; d'autre part, celui-ci reconnaît les qualités de l'artiste et accepte de le protéger.

Dans le rapport entre pouvoir et savoir, la relation entre le mécène et son protégé semble être déterminante. Cette relation le fut-elle encore plus dans une société coloniale, ou du moins fut-elle différente ? Pouvons nous parler d'une spécificité américaine du phénomène ? Si celle-ci existe, en quoi consiste-t-elle ?

Il est vrai que la discussion sur les patrons et les clients (ou les mécènes et les artistes) tend a être centrée sur la relation binaire entre deux personnes, et à perdre de vue l'ensemble des attitudes mentales et des réseaux sociaux sur lesquels elle repose et sans lesquels elle ne pourrait pas exister[5]. Néanmoins, une étude d'ensemble n'est pas envisageable pour le cas du Pérou, en raison de l'état embryonnaire de la recherche dans le domaine de l'histoire culturelle[6].

Dans les pages qui suivent et qui font partie d'une recherche de plus grande envergure sur la fonction de l'Académie antarctique dans la formation de la République des lettres dans la vice-royauté du Pérou (fin XVIe-début XVIIe siècle)[7], nous proposerons quelques réflexions sur les rapports entre lettrés et mécènes dans ce contexte. Dans ce but, nous examinerons un cas précis : les relations du marquis de Montesclaros, vice-roi du Pérou avec Pedro de Oña, membre de l'Académie antarctique.

3. Roger Chartier, « Patronage et mécénat », dans *Culture écrite et société : l'ordre des livres (XIVe-XVIIIe siècle)*, Paris, A. Michel, p. 95.

4. *Ibid.*

5. W. L. Gundersheimer, « Patronage... », p. 19.

6. Les ouvrages de Felipe Barreda y Laos, *La Vida intelectual en el virreinato del Perú*, Lima, Universidad Nacional Mayor de San Marcos, 1964 (1re éd. 1909) et celui de Vicente Gregorio Quesada, *La Vida intelectual en América durante los siglos XVI, XVII y XVIII*, Buenos Aires, La Cultura Argentina, 1917 (1re éd. 1910), sont assez datés.

7. La vice-royauté de la Nouvelle-Castille (appelée aussi Pérou), créée par la Couronne en 1542, comprenait toute l'Amérique du Sud de langue espagnole explorée jusqu'à ce moment-là, exception faite du Venezuela.

Avant de traiter notre sujet, nous voudrions fournir quelques données concernant le milieu culturel de la ville de Lima à l'époque et présenter — quoique brièvement — l'Académie antarctique[8].

Capitale de la vice-royauté, centre économique et politique, Lima était le siège de la cour et du vice-roi, de l'*Audiencia* et des autorités civiles ; de l'archevêché, des autorités ecclésiastiques et de l'Inquisition. En 1551 fut fondée l'université de San Marcos, dont les constitutions ont pour modèle celles de Salamanque ; la première grammaire et le premier catéchisme en quechua, rédigés par le dominicain Domingo de Santo Tomás, furent publiés à Valladolid en 1560 ; en 1568 arrivèrent les Jésuites, qui fondèrent le *Colegio Máximo de San Pablo* (1568) et le *Real Colegio de San Martín* (1582)[9] ; l'imprimerie fut établie dans leur couvent en 1583, pendant le troisième concile de Lima, par l'Italien Antonio Ricardo, venu de Nouvelle-Espagne. En 1591 commença à fonctionner le *Seminario Conciliar Santo Toribio ;* et, en 1592, le *Colegio Real Mayor de San Felipe y San Marcos* (dirigé par le recteur de l'université). Outre les lettrés et fonctionnaires qui entourent le vice-roi, on trouve dans cette ville l'entourage de l'archevêque et les membres des ordres religieux, dont beaucoup se consacrent à l'éducation et à l'évangélisation des indigènes. Pour avoir une idée de l'atmosphère de Lima, il suffit de faire mention du cas du licencié Diego López de Zúñiga, magistrat du tribunal de Lima (1575-1586), dont la bibliothèque comptait trois mille volumes[10]. Même s'il s'agit d'un cas exceptionnel, les études sur le commerce des livres permettent d'observer que les lettrés de la vice-royauté étaient en synchronie avec ceux de la métropole[11].

8. En ce qui concerne la situation de la vice-royauté du Pérou en général, il est peut-être bon de rappeler que la chute de l'empire inca eut lieu en 1532 ; Cuzco, ancienne capitale, fut prise en 1533, et en 1535 Pizarro fonda, à quelques kilomètres de l'océan Pacifique, sa nouvelle capitale, Los Reyes (également connue dès l'époque coloniale comme « Lima »).

9. Le *Colegio del Príncipe*, collège jesuite pour l'education de l'élite indigène, ne sera fondé qu'en 1620 à Lima.

10. Cf. Guillermo Lohmann Villena, « Annus mirabilis », étude préliminaire à son édition de Diego de Aguilar y de Córdoba, *El Marañón*, Madrid, CSIC, 1990, p. LV.

11. La recherche, commencée par les travaux d'Irving A. Leonard (cf. entre autres « *Don Quixote* and the book trade in Lima, 1606 », dans *Hispanic American Historical Review*, t. 8, 1940, p. 285-304 ; « Best-sellers of the Lima book trade, 1583 », dans *Hispanic American Historical Review*, t. 22, 1942, p. 5-33) et de G. Lohmann Villena (cf. « Libros, libreros y bibliotecas en la época virreinal », dans *Fénix*, t. 21, 1971, p. 17-24) est actuellement continuée par Pedro Guibovich (cf. « Libros para ser vendidos en el virreinato del Perú a fines del siglo XVI », dans *Boletín del Instituto Riva-Agüero*, t. 13, 1984-1985, p. 85-114) et Teodoro Hampe Martínez (cf. entre autres *Bibliotecas privadas en el mundo colonial*, Francfort, Vervuert, 1992).

C'est dans cette atmosphère que l'Académie antarctique est née. Quoique nous n'ayons pas de données sur le fonctionnement exact de l'Académie[12], ce manque ne paraît pas excessivement grave : ce qui importe est la présence d'un groupe consacré (quoique partiellement) aux lettres, avec des intérêts communs, en liaison avec d'autres groupes de lettrés, des vice-rois, et des hauts-fonctionnaires dont ils espéraient un mécénat. Ce groupe très mobile circule dans la vice-royauté du Pérou, maintient un contact avec la Nouvelle-Espagne et continue à opérer dans la sphère culturelle de la Péninsule[13].

Sa période d'activité s'étend des deux dernières décennies du XVIe siècle jusqu'aux deux premières du XVIIe siècle, c'est-à-dire la période de transition entre le moment de la stabilisation politique du territoire et l'organisation administrative de la vice-royauté sous le gouvernement de Francisco de Toledo (1569-1581) et celui du prince d'Esquilache (1615-1621), quand les structures du pouvoir royal sont amplement consolidées et une culture de cour — croyons nous — commence à se développer.

Le projet de l'Académie visait à une *translatio studii* dans le Nouveau Monde. Si les humanistes tentèrent de reconstruire l'édifice de la sagesse antique dont ils constataient la ruine à la fin du Moyen Age, l'Académie, elle, se propose de transférer l'édifice de la culture greco-latine actualisée par l'humanisme de la Renaissance pour l'implanter dans une région lointaine et perçue comme barbare.

La barbarie, contrairement à ce qu'on pourrait penser, ne fait pas référence aux indigènes, mais aux péninsulaires émigrés, dont la plupart sont des esprits rustiques, comme le signale Pedro Mexía de Fernangil, animateur de l'Académie, dans le prologue à la première partie de son *Parnaso antártico* (Séville, Rodríguez Gamarra, 1608). La critique ne se borne pas seulement aux rustiques, mais embrasse tous les lettrés qui, victimes de leur cupidité, délaissent la formation de l'esprit et s'abêtissent peu à peu. Les membres de l'Académie cherchent à se détacher du mercantilisme dominant dans lequel ils se trouvent immergés et critiquent le désir de profit des lettrés ; ils se moquent également des efforts poétiques des conquérants et des colons : « ... dans ces lieux on parle peu de la véritable poésie et de l'art

12. Alberto Tauro a souligné son aspect insaisissable dans le titre de l'ouvrage qu'il lui consacra (*Esquividad y gloria de la Academia Antártica*, Lima, Ed. Huascarán, 1948).

13. Pour un aperçu général et une étude bibliographique de sources primaires, cf. Sonia V. Rose, « The Academia Antártica and the early vice-regal culture », dans *Documentary sources for Andean art, history and archeology*, projet conjoint de la National Gallery of Art de Washington D. C. et du Getty Institute, sous la direction de Joanne Pillsbury.

de la métrique, car quant à faire des strophes à tort et à travers, il n'y a personne qui ne s'y exerce »[14].

D'après le « Discours à la louange de la poésie » (écrit par une poétesse anonyme, membre de l'Académie)[15], dont la valeur programmatique est évidente, c'est précisément cette poésie savante qu'ils cultivent, c'est-à-dire la poésie pétrarquisante introduite en Espagne par Garcilaso de la Vega et Boscán.

Le nom de l'Académie lui-même montre une double appartenance : la filiation classique et péninsulaire mais aussi l'enracinement dans un territoire où l'on crée. A travers leurs œuvres, les membres de l'Académie réclament de la métropole une reconnaissance de leur travail intellectuelle aux Indes, tout en essayant de démontrer que le Nouveau Monde est source de richesses non seulement matérielles mais aussi intellectuelles. L'Académie fut essentiellement un vecteur, un axe qui servit comme instrument de médiation de la culture humaniste et de l'italianisme dans la vice-royauté.

Pedro de Oña est un des auteurs les plus étudiés parmi ceux de l'Académie (même si, malgré une abondante bibliographie, il est encore peu connu)[16]. L'attention que lui ont prêté les historiens et les critiques chiliens a eu souvent pour but de mettre en évidence, précisément, sa qualité de poète national. De fait, sa plus grande œuvre, l'*Arauco domado*[17], a toujours été considérée sous deux angles qui lui ôtent sa qualité : ce fut, d'une part, le poème épique qui ne parvint pas à égaler celui qu'il prétendait dépasser,

14. « ...se platica poco [...] de la verdadera Poesia y artificioso metrificar, que de hacer coplas a bulto antes no hay quien no lo profese. »

15. « Discurso | En loor de la Poesia, dirigido al Autor, i compues-|to por una señora principal d'este Reino, mui ver|sada en la lengua Toscana, i Portuguesa... », publié dans les préliminaires de la première partie du *Parnaso antártico* de Mexía de Fernangil, Séville, Rodríguez Gamarra, 1608, fol. 9-26.

16. Les travaux les plus complets restent ceux de José Toribio Medina, *Historia de la literatura colonial*, Santiago, Imprenta Elzeveriana, 1898, 3 vol. (pour Oña, cf. t. II, chap. VI-IX) et de Enrique Matta Vial, *El Licenciado Pedro de Oña, estudio biográfico crítico*, Santiago de Chile, Imprenta Universitaria, 1924. Voir aussi Hugo Gunckel, « Los 'Confines de Engol', Pedro de Oña y sus coetáneos », dans *Boletín de la Universidad de Chile*, t. 48, 1964, p. 63-69.

17. *Primera parte | de Arauco | Domado, | compuesto por el licen-|ciado Pedro de Oña, Natural delos Infantes de | Engól en Chile, Collegial del Real Co-|legio mayor de Sant Felipe, y S. | Marcos, fundado en la Ciud-|dad de Lima. Dirigido a Don Hurtado de Men-|doça, Primogenito de don Garcia Hurtado de Mendoça, Marques | de Cañete, Señor de las Villas de Argete, y su Partido Visorrey | de los Reynos del Piru, Tierra Firme, y Chile. Y de la Mar-|quesa doña Teresa de Castro, y de la Cueva. | Hijo, Nieto, y Biznieto de Virreyes. Con previlegio, | impresso en la ciudad de los | Reyes, por Antonio Ricardo de Turin, Primero | Impressor en estos Reynos. | Año de 1596.*

l'*Araucana*[18] d'Alonso de Ercilla ; ce fut, d'autre part, une œuvre de commande.

La figure du *criollo*[19] Pedro de Oña, poète de cour par excellence, nous semble essentielle pour aborder la question du mécénat au Pérou : depuis ses modestes origines jusqu'au moment où nous perdons sa trace, ce fut son habileté à obtenir la protection des grands qui lui permit de mener une vie séculière exclusivement consacrée aux lettres, état que rechercheront ses compagnons de l'Académie et auquel ils ne parviendront jamais. Né autour de 1570 au royaume du Chili, perpétuel théâtre de la guerre contre les Araucans, il était le fils d'un capitaine de Burgos et de son épouse. A la mort de son père, tué par les Araucans, en 1590 il part sans ressources pour Lima, où il obtient, au *Colegio Mayor de San Felipe y San Marcos*, une bourse, accordée aux fils de conquistadores qui se retrouvaient dans une situation économique pressante. Oña sera l'un des seize premiers diplômés du collège, qui avait été fondé, à l'initiative du vice-roi Francisco de Toledo, par le vice-roi García Hurtado de Mendoza, quatrième marquis de Cañete et huitième vice-roi du Pérou (1589-1595). C'est sous la protection de celui-ci qu'Oña commencera sa carrière.

Diplômé ès arts de l'université de San Marcos, il participe à Quito à l'étouffement de la rébellion contre les *alcabalas*. C'est à son retour, mais dans des circonstances mal connues, que le vice-roi Mendoza, mécontent de la description qu'avait faite de lui Alonso de Ercilla dans l'*Araucana*, charge Oña de composer un poème épique dans lequel il chantera ses exploits. Ainsi naît l'*Arauco domado* dont l'édition, déjà citée, paraît à Lima en 1596[20]. La récompense ne se fait pas attendre et Oña est nommé *corregidor* de Jaén de Bracamoros, dans la riche région agricole de Cajamarca, au nord du Pérou, le 5 mai 1596. Malgré le procès qui entraîne ensuite le retrait de la circulation de la première édition[21], Oña semble gagner sans difficultés la

18. La 1re partie fut éditée à Madrid, par Pierres Cossin, en 1569 ; la 2e (avec la1re), en 1578 par le même éditeur ; la 3e à Madrid, par Pedro Madrigal, en 1589. La 1re édition des trois parties réunis en un volume fut celle de Madrid, par Pedro Madrigal, en 1590.

19. *Criollo* (« créole ») : enfant ou descendant de péninsulaires, né aux Indes occidentales.

20. Pour l'*Arauco domado*, cf. entre autres Salvador Dinamarca, *Estudio del « Arauco domado » de Pedro de Oña*, New York, Hispanic Institute, 1952 ; Julio Durán-Cerda, « *Arauco domado*, poema manierista », dans *Revista iberoamericana*, t. 44, nº 104-105, 1978 (*Homenaje a Irving A. Leonard*), p. 515-525 ; Elide Pittarello, « *Arauco domado* de Pedro de Oña o la vía erótica de la conquista », dans *Dispositio*, t. 14, nº 36-38, 1989, p. 247-270.

21. J. T. Medina, « Proceso de Pedro de Oña con motivo de la publicación del *Arauco domado* », dans *Biblioteca hispano-chilena, 1523-1817*, Santiago, en Casa del Autor, 1897, p. 47-74.

protection du vice-roi suivant, don Luis de Velasco (1596-1603), lequel lui octroie en 1604 le titre de *gentilhombre de la compañía de lanzas del virrey*, une fonction de cour, mais militaire. On peut en dire autant de sa relation avec don Gaspar de Zúñiga y Acevedo, comte de Monterrey (1604-1606), qui remplace Velasco, et qui lui concède le poste d'*auditor general* au royaume du Chili. Cependant, peu de temps après la mort du comte, Oña revient à la capitale, et nous l'y trouvons en 1607, acquittant des dettes. Il est donc à Lima lorsque fait son entrée dans la capitale le nouveau vice-roi, le marquis de Montesclaros.

Juan de Mendoza y Luna (Guadalajara, 1571-Madrid, 1628), troisième marquis de Montesclaros, marquis de Castil Bayuela, chevalier de l'ordre de Saint-Jacques et membre d'une des familles les plus illustres de la Péninsule, les Mendoza, fut le dixième vice-roi de la Nouvelle-Espagne (1603-1607) et le onzième de la Nouvelle-Castille, qu'il gouverna de 1607 à 1615. De retour en Espagne, il fit partie du *Consejo de Estado y Guerra* (1617) puis devint président du *Consejo de Aragón*[22].

Considéré par l'histoire comme un bon gouvernant, il fut qualifié de « vice-roi poète »[23]. Malgré les louanges que lui adressèrent les esprit de son temps, Montesclaros (dont nous ne connaissons que des écrits isolés) fut un homme aux dons poétiques modestes, comme le reconnaît Miró Quesada[24] en le qualifiant de « versificateur moyen » et comme le confirme Leonard en parlant de « réussites littéraires extrêmement modestes »[25]. Cependant, son goût pour les lettres, avant tout en qualité de mécène des arts, semble établi : Miró Quesada remarque qu'il eut « une singulière résonance en son temps, et un rôle éminemment directif pendant toute une étape de l'histoire des lettres péruviennes »[26] ; Hanke, pour sa part, le déclare « enthousiaste patron des lettres »[27]. En effet, même si elle est peu attestée et mal étudiée,

22. Les années de gouvernement de Montesclaros ont été étudiées par Lewis Hanke et Celso Rodríguez dans *Los Virreyes españoles en América durante el gobierno de la Casa de Austria : Perú*, Madrid, Atlas, 1978 (*Biblioteca de autores españoles*, 281), t. II, p. 87 et suiv., et, plus récemment, par Pilar Lataza Vassallo, *La Administración virreinal en el Perú : el gobierno del marqués de Montesclaros (1607-1615)*, Madrid, C. E. Ramón Areces, 1997. Le mécénat de la famille Mendoza a été abordé par Helen Nader, *Los Mendoza y el Renacimiento español*, Guadalajara, Diputación Provincial, 1981, dans un ouvrage que nous n'avons pas pu consulter.

23. Aurelio Miró Quesada Sosa, *El Primer virrey poeta en América, don Juan de Mendoza y Luna, marqués de Montesclaros*, Madrid, Gredos, 1962.

24. *Ibid.*, p. 13.

25. Cité *ibid.*

26. A. Miró Quesada, *El Primer virrey*..., p. 13.

27. L. Hanke et C. Rodríguez, *Los Virreyes*..., p. 87.

la relation qu'il entretint avec l'université de San Marcos, avec le théâtre, avec l'Académie antarctique (surtout avec Diego de Hojeda, auteur de *La Christiada,* et avec Juan de Miramontes y Zuázola, auteur des *Armas antárticas*) et avec une série de fonctionnaires éminents est connue ; parmi ces derniers, fit partie de son cercle le juriste Juan de Solórzano Pereira, auteur de la *Disputatio de Indiarum jure*... (Madrid, F. Martínez 1629 et 1639) et de la *Política indiana* (Madrid, D. Díaz de la Carrera, 1648).

Passé le tumulte de la conquête puis celui des guerres civiles du Pérou (1537-1554), l'époque de Montesclaros, tributaire de l'organisation imposée par le vice-roi Francisco de Toledo, fut une époque de consolidation et de stabilisation, marquée, cependant, par la guerre de l'Arauco (le Chili), jamais apaisée, et par la réelle et constante menace des pirates, en particulier celle du Hollandais Spielberg. Ce fut aussi la période où se développa un mouvement mystique autour de celle qui allait devenir sainte Rose de Lima (1586-1617) ; celle de la campagne d'extirpation des idolâtries menée par les Jésuites à partir de 1610 ; et celle de la publication de la première partie des *Commentaires royaux* de l'Inca Garcilaso de la Vega (Lisbonne, Pedro Crasbeek, 1609).

Les témoignages de la renommée de Montesclaros vont de l'éloge que fit de lui Cervantes dans le « Canto de Calíope », dans son roman pastoral *La Galatea* (1585), à celui que l'on doit à la plume de Rodrigo de Valdés, dans son *Poema hispano-latino* (1687), en passant par ceux de Bernardo de Balbuena, de Ruiz de Alarcón et de Lope de Vega dans *La Arcadia* (1598)[28].

Sa relation avec Pedro de Oña date de 1607, c'est-à-dire de l'entrée triomphale de Montesclaros à Los Reyes, pour laquelle le poète compose sa « Canción real panegyrica en la venida de su excellencia a estos reynos », onze strophes en hendécasyllabes, qui sera publiée en 1609, à Lima chez Francisco del Canto. L'élogieuse composition, truffée de jeux de mots autour des noms du vice-roi (« luna », « montes », « claros ») lui valut un *corregimiento* dans la province de Yauyos (non loin de la capitale), entre juillet 1608 et octobre 1610.

Il est probable que Montesclaros a lu l'*Arauco domado ;* du moins Lope de Vega en connaissait-il la première édition, puisqu'il loue Oña dans *La Dragontea* (1598), l'appelant « ce célèbre poète des Indes » *(aquel famoso indiano)*[29]. En 1607, la renommée littéraire d'Oña semble être bien établie.

28. Pour la relation de mécénat entre Montesclaros et d'autres poètes et lettrés, cf. A. Miró Quesada, *El Primer virrey*....

29. Cf. *ibid.*, p. 93.

Rappelons que l'*Arauco domado* est le dixième livre à sortir des imprimeries de Lima (installées en 1583), et le premier qui ne soit pas un ouvrage pratique. Malgré les problèmes de diffusion déjà cités, l'œuvre plaça son auteur au centre de la vie culturelle de la capitale. Le paratexte s'ouvre sur le privilège octroyé à Oña pour dix ans par le marquis de Cañete (15 janvier 1596), avec l'approbation du *maestro* Esteban de Avila de la compagnie de Jésus (10 janvier 1596) et l'avis du *licenciado* Don Juan de Villela, alors *alcalde del crimen* — haute charge s'il en est — de l'Audience de Lima (10 janvier 1596), qui deviendrait président du Conseil des Indes en 1623 et *consejero de estado* en 1626. L'œuvre présente un paratexte respectable : sans compter les approbations déjà mentionnées, l'épître dédicatoire et un prologue au lecteur, il contient six sonnets et trois *canciones,* composés par des poètes locaux.

La carrière d'Oña semble continuer à se développer à Lima. En 1602 paraîtra un sonnet de lui dans le paratexte des *Constituciones y ordenanças de la Universidad, y studio general de la ciudad de Los Reyes del Piru...* (éditées à Lima par Antonio Ricardo) ; il s'y déclare « le plus petit des fils » de l'université *(el menor hijo della).* Cette même année, voit le jour à Lima l'érudite *Miscelánea austral* de Diego de Dávalos y Figueroa, membre de l'Académie antarctique, éditée conjointement avec sa *Defensa de damas* (Ricardo, 1602 et 1603). Le paratexte de ces deux œuvres (dix-huit compositions poétiques dans la première, sept dans la seconde), qui prétend témoigner de l'existence des poètes au Pérou et faire montre de leur érudition, inclut deux sonnets d'Oña qui font l'éloge de l'auteur[30]. Le rôle prépondérant de celui-ci dans l'Académie antarctique se trouve par ailleurs explicité dans le sonnet qu'il publie « au nom de l'Académie antarctique, de la ville de Lima, au Pérou »[31] dans les préliminaires de la *Primera parte del Parnaso antartico* (déjà citée), traduction des *Héroïdes* et de l'*Invective contre Ibis* d'Ovide, faite par Diego Mexía de Fernangil, membre de l'Académie antarctique, et parue à Seville en 1608.

Une nouvelle œuvre témoigne de la protection qu'Oña continue à recevoir du marquis de Montesclaros. En 1609 paraît à Lima (imprimée par Francisco del Canto) *El Temblor de Lima de 1609*[32], œuvre dialoguée

30. « Soneto | del Licen[cia]do Pedro | De Oña al author ; entendido | por el nombre de Delio », dans la *Miscelánea,* et « Soneto | del Licen[ciado] Pedro | de Oña al autor, por la | defensa de Damas ».

31. « Soneto | del Licenciado | Pedro De Oña en nombre de la Antártica Academia, de la ciudad | de Lima, en el Piru. »

32. *Temblor de | Lima año de 1609. | Governando el Marques | de Montes Claros, Virrey*

(83 *octavas reales*) et centrée sur le grave tremblement de terre qui ravagea la région à cette date et que subit Oña alors qu'il était à Los Reyes. L'œuvre fut écrite immédiatement après les faits ; et c'est le peu de temps qui sépare ces faits de leur narration, comme le signale l'auteur dans le Prologue au lecteur, qui fait la grande valeur de celle-ci.

Sur un ton réaliste, Oña fait raconter cette catastrophe et ses conséquences par l'un de ses personnages à un ami. L'œuvre fut dédiée non pas au marquis de Montesclaros, mais à son fils « don Joan de Mendoça, y Luna Marques de Castil de Bayuela su Primogenito successor ». Dans l'épître dédicatoire, son auteur dit vouloir offrir deux choses au lecteur : il lui révèle, d'une part, l'ambivalence de la nature des Indes, dont les montagnes peuvent produire d'énormes quantités d'argent, mais aussi des séismes qui ravagent la région ; d'autre part, il cherche à montrer « un vivant exemple de l'heureuse action que mène le marquis dans le gouvernement de ces provinces » *(un exemplar bivo del feliz progresso, que el Marques lleva en el gobierno destas provincias)* pour qu'il serve de modèle à son fils. A l'épouvante suscitée par le séisme, succède en effet l'action de Montesclaros, sa tâche de réparation matérielle des immenses dommages et son rôle de soutien spirituel aux âmes abattues des victimes. Nous le voyons, ainsi, visitant lui-même les mines de mercure de Huancavelica et celles d'argent de Castrovirreina, pour évaluer les dommages mais surtout pour remédier à la situation des Indiens. Bâti autour du topos des armes et des lettres, l'éloge de Montesclaros, habilement entrelacé de récits de son action, est centré sur la construction de l'image du vice-roi en tant que prince sage, juste, magnanime et pieux.

Oña consacrera encore une dernière œuvre à Montesclaros, à l'occasion de la mort, le 3 octobre 1611, de la reine Marguerite d'Autriche, épouse de Philippe III. Montesclaros avait assisté au mariage simultané de la reine et de la princesse Isabel Clara Eugenia à Valence en 1599, au début de sa carrière politique. Le marquis, profondément touché selon Miró Quesada[33], autorisa le *Cabildo* à célébrer les honneurs funèbres en grande pompe. Les obsèques eurent lieu, après quatre mois de préparation, en novembre 1612. L'augustin Martín de León fut chargé de préserver le souvenir de l'occasion dans une *Relacion delas exequias q. el ex.mo s.r D. Juan de Mendoça | y luna*

Excellentissimo. | Y una Cancion Real Panegyrica en la | venida de su excellencia a | estos Reynos. | Dirigido a don Joan de Mendo|ça, y Luna Marques de Castil de Bayuela su Primo|genito successor... Por Francisco del Canto, 1609. Nous avons consulté l'édition en fac-similé de José Toribio Medina, *Temblor de Lima de 1609*, Santiago, Imprenta Elzeviriana, 1909.

33. A. Miró Quesada, *El Primer virrey...*, p. 119.

Marques de Montesclaros, Virrei del Piru hizo I *en la muerte dela Reina Nuestra S. Doña* I *Margarita...*, éditée à Lima, par Pedro de Merchán y Calderón, en 1612 (ou 1613 selon le colophon)[34]. Un sonnet de Bernardino de Montoya dédié à Don Juan Hurtado de Mendoza y Luna, *duque del infantado,* inaugure les préliminaires, deux *canciones,* six sonnets et quelques *décimas* précèdent le sermon funèbre du frère Pedro Ramírez, qui est suivi d'une série de textes poétiques. Le marquis, animateur de la célébration poétique, aurait été lui-même, selon Miró Quesada, l'auteur d'un de sonnets anonymes. âuvres à caractère purement laudatif, les relations prétendent, comme il est bien connu, être en elles-mêmes un monument qui témoigne de l'adhésion de la ville au pouvoir métropolitain et qui permet la légitimation de la hiérarchie en place. La présence des compositions d'Oña dans ce monument collectif qu'est la *Relación* montre sa position privilégiée en tant que poète de la cour vice-royale : tout au début, après le sonnet dédié au *duque del infantado,* apparaissent la « Cancion real de el Licenciado Pedro de Oña por el assumpto de este libro, y su Auctor », dediée au marquis de Montesclaros, et un sonnet d'Oña au frère Martín de León.

Le marquis de Montesclaros parti, Oña sut s'attirer les bonnes grâces du nouveau vice-roi, autre célèbre mécène des arts, Don Francisco de Borja y Aragón, prince d'Esquilache (1615-1621), qui le fit *corregidor* de Vilcabamba, dans la province andine d'Apurímac (1615-1617).

Aux Jésuites, Oña dédiera la première et la deuxième partie de *El Ignacio de Cantabria* (deux éditions : une à Madrid, en 1636 et l'autre à Seville, chez Lyra, en 1639), dont une des approbations est due à Calderón de la Barca[35]. Les relations d'Oña avec les Jésuites, probablement très ancienne, n'ont pas été étudiées[36]. Ses relations avec les ordres religieux ne se limitaient par non plus aux Jésuites : nous trouvons une composition poétique d'Oña dans l'ouvrage de Diego de Córdoba y Salinas, *Vida, virtudes y milagros del nuevo apóstol del Pirú, el venerable p. f. Francisco Solano* (Lima, Jerónimo de Contreras, 1630)[37].

34. Nous n'avons pas pu consulter l'ouvrage, nous empruntons la référence bibliographique à José Toribio Medina, *La Imprenta en Lima,* Lima, Biblioteca Nacional de Perú, 1962, et nous suivons, pour le contenu, A. Miró Quesada, *El primer virrey...*, p. 117-123.

35. Pour l'*Ignacio de Cantabria,* cf. le prologue de Mario Ferreccio Podestà et l'étude préliminaire de Mario Rodríguez Fernández à leur édition critique (Concepción, Universidad de Concepción, 1992, p. 9-36 et p. 36-51).

36. Cf. Luis Martin, *The Intellectual conquest of Peru : the Jesuit college of San Pablo, 1568-1767,* New York, Fordham University Press, 1968.

37. Il s'agit de la « Cancion real, I del Licenciado Pe-Idro de Oña, en que se recoge[n] las

En 1630, il obtient le *corregimiento* de Calca, à Cuzco, probablement comme avance ou encouragement de Luis Jerónimo Fernández de Cabrera, quatrième comte de Chinchón et quatorzième vice-roi du Pérou, pour la composition de *El Vasauro*[38]. Ce poème épique en onze chants achevé autour de 1635 mais qui restera inédit jusqu'au XXe siècle[39], raconte les événements survenus depuis la guerre dynastique qui donna à Isabelle le trône de Castille, jusqu'à la prise de Grenade ; parmi ces événements, se distinguent les actions d'Andrés de Cabrera, ancêtre du comte de Chinchón, dont la famille avait commandé la composition du poème.

Dans les pages qui précèdent, nous avons tenté d'examiner le rapport entre un noble, représentant suprême du pouvoir politique péninsulaire aux Indes, et un poète créole qui est parvenu a faire une carrière sous la protection de plusieurs patrons.

Se pencher sur l'action de patronage exercée par les vice-rois à l'époque coloniale est, comme nous espérons l'avoir montré, un filon riche et fructueux pour étudier les modalités du transfert de la culture humaniste au Nouveau Monde et la fondation d'un savoir.

Les traditions familiales de mécénat, comme dans le cas des Mendoza (dont quatre furent vice-rois), méritent d'être suivies sur leur versant américain, sans oublier pour autant la fonction des secrétaires, des fonctionnaires, et celle de l'élite indigène.

Quant à la question de la spécificité (s'il y en a une) du mécénat aux Indes, on ne pourra y répondre qu'après plusieurs années de travail collectif dans le cadre des études sur la cour vice-royale (qui sont dans un état embryonnaire). Pour conclure, donc, nous ne pouvons offrir qu'une observation qui est, en réalité, un point de départ : le système administratif des vice-royautés impliqua la présence permanente d'une cour (présidée par un

ex-|celencias del Santo, derramadas por | este docto libro. Introduze el Poëta | al Rio Lima, hablando con el Tibre | de Roma ; para el intento de | todo lo aqui escrito ». La composition apparaît également dans la 2e éd. de l'ouvrage, à Madrid, en 1648.

38. Pour le *Vasauro*, cf. l'Introduction de Rodolfo Oroz à son édition de l'ouvrage (Santiago, Prensas de la Universidad de Chile, 1941, p. XI-XCIII) et A. Carrique de Kábala, « El *Vasauro* : imágenes clásicas en metáforas manieristas », dans *Flor al viento dedicada : estudios sobre el barroco hispanoamericano*, Salta, Universidad Nacional de Salta, 1984, p. 53-85.

39. « El Vasauro | Poéma heróico, por el Licen[cia]do | Pedro de Oña, naturál de Chile | Dirigido al Conde quarto de | Chinchon, Virrey Eccelentiss[im]o, | del Pirú etc[eter]a | en el Cuzco — 13. de Abril — 1635 », manuscrit de la Biblioteca Nacional de Chile, édité par Rodolfo Oroz (voir la note précédente).

vice-roi et son entourage, qu'accompagne le plus souvent son épouse avec son propre entourage), mais il impliqua aussi son renouvellement (en principe, tous les six ans) avec le départ du vice-roi. Cette mobilité constante aura pour conséquence la présence (quoique brève) aux Indes de grands esprits de l'époque et elle forcera les lettrés créoles à refaire et à renouveler leurs alliances avec le pouvoir. Cette mobilité constante sera déterminante pour la formation d'une République des lettres outre-mer.

Sonia V. ROSE,
Université Paris-IV Paris-Sorbonne.

TABLE DES MATIÈRES

IMPRESSION, BROCHAGE
IMPRIMERIE CHIRAT
42540 ST-JUST-LA-PENDUE
AVRIL 2000
DÉPÔT LÉGAL 2000 N° 9249

IMPRIMÉ EN FRANCE